FALTPLAN

»Schreiben Sie uns!

Wir hoffen, dass Ihnen dieser Reiseführer gefällt und er Ihnen ein guter Begleiter auf einer außergewöhnlichen und spannenden Reise ist.

Weil ein Reiseführer von Erfahrungen lebt, sind wir an Ihren Erlebnissen interessiert: Haben Sie im Buch ein Restaurant entdeckt, das es nicht mehr gibt, eine Sehenswürdigkeit, die wir noch nicht aufgeführt haben, oder eine falsche Adresse? Dann schreiben Sie uns!

Wir nehmen jeden Hinweis und jede Kritik ernst und arbeiten kontinuierlich daran, die Bücher aktuell zu halten und immer weiter zu verbessern. Auch wenn wir nicht jeden Wunsch erfüllen können, machen wir uns immer Gedanken über Ihre Anmerkungen.

Schreiben Sie an: info@reise-know-how.de oder Reise Know-How Verlag Peter Rump GmbH, Postfach 140666, 33626 Bielefeld

Wenn sich Ihre Infos direkt auf das Buch beziehen, bitten wir um die Angabe der Seitenzahl und der Auflagennummer bzw. des Erscheinungsjahres. Besonders hilfreiche Beiträge belohnen wir mit einem Sprachführer Ihrer Wahl aus unserer „Kauderwelsch"-Reihe.

Herzlichen Dank und gute Reisen
Ihr Reise Know-How Verlag

Diesem Buch wurde hier ein herausnehmbarer Faltplan ... ch.
Sollte er beim Erwerb des Buches nicht mehr vorhanden sein, ...

Liebe Leserin, lieber Leser,

ein unabhängiger Verlag für unabhängig Reisende – das sind wir, der Reise Know-How Verlag aus Bielefeld, eines der letzten Familienunternehmen in der Branche. Obwohl wir zu den größten Reiseführerverlagen Deutschlands gehören, ist der familiäre Umgang miteinander in allen Bereichen des Verlagslebens zu spüren: In der Geschäftsführung in zweiter Generation, in einer wertschätzenden Arbeitsatmosphäre, in der Nähe zu unseren frei arbeitenden Autorinnen und Autoren, im engen Austausch mit unseren Leserinnen und Lesern – und auch in der Zusammenarbeit mit Druckereien in Deutschland, in denen wir ausschließlich und regional unsere Bücher produzieren. Die sollen schließlich erst mit Ihnen auf große Reise gehen.

Alles, was wir in unsere Bücher und Landkarten stecken, soll Ihnen eines ermöglichen: Auf Ihre ganz eigene, individuelle Weise die Welt zu entdecken. Wir wünschen Ihnen viel Freude und unvergessliche Erlebnisse mit diesem Reiseführer.

Es grüßen herzlich
Peter Rump & Wayan Rump

Die Perle an der Nordsee

Den Haag kann stürmisch, ruhig und turbulent sein: Stürmisch, wenn die steife Brise von der Nordsee kommend über Scheveningen fegt. Ruhig, wenn man im Dünengebiet Meijendel 23 spazieren geht oder es mit dem Fahrrad durchkreuzt. Turbulent ist Den Haag vor allem politisch. Unzählige **internationale Organisationen** haben hier ihren Sitz. Der Internationale Gerichtshof der UNO, der Internationale Strafgerichtshof und viele UN-Sondertribunale arbeiten in der Stadt.

Auch kulturell wird viel geboten. Das **Mauritshuis** 2 zeigt klassische Werke. Das **Kunstmuseum** 26 bietet der modernen Kunst ein Podium und **Madurodam** 27 zeigt im Maßstab 1:25 alles, was die Niederlande liebenswert macht. Mit **Amare** (s. S. 73) besitzt Den Haag das größte Kulturgebäude der Niederlande.

Und dann erst die Architektur! Egal, ob modern wie das **Neue Rathaus** 16 und die im Zentrum entstehenden Hochhäuser oder historisch wie der **Binnenhof** 1 aus dem 13. Jh. (er wird zurzeit renoviert) – Den Haag hat's!

Die **kulinarische Szene** (s. S. 57) zeigt sich international. In Chinatown (s. S. 75) isst man hervorragend asiatisch, im Hafen gibt es frischen Fisch und die indonesischen Restaurants mit ihren Reistafeln sind ein Muss.

In **Scheveningen** (s. S. 37) wurde der Boulevard verbreitert und verschönert. Hier befindet sich eine Foodhall, in der alle Nationalitäten zusammenkommen, der Pier 21 mit einem Riesenrad über dem Meer und ein Hotel mit Nordseeblick.

Wer shoppen will, genießt in der Passage 8 italienisches und auf der Einkaufsmeile Noordeinde [C7–8] königliches Flair. In der Westfield Mall of the Netherlands (s. S. 77) im nicht weit entfernten Leidschendam locken 250 Geschäfte und Restaurants.

Die Autoren

Ulrike Grafberger lebt seit 20 Jahren in Den Haag, wo sie unter anderem als „Holland-Botschafterin" für den niederländischen Tourismusverband arbeitete. Im Reise Know-How Verlag sind von ihr mehrere Reiseführer über die Niederlande erschienen.

Helmut Hetzel studierte Journalistik, Ökonomie, Geschichte, Soziologie und Philosophie und war Auslandskorrespondent in Peking, nun in Den Haag. 1990–1998 war er Präsident der Auslandspresse in den Niederlanden und 1998–2004 internationaler Präsident der Vereinigung Europäischer Journalisten. 1997 erhielt er den Europäischen Journalistenpreis. Er hat zahlreiche Bücher über Belgien, China und die Niederlande veröffentlicht.

151dh Abb.: ug

170dh Abb.: hh

VAN KLEEF

CITY|TRIP DEN HAAG MIT SCHEVENINGEN

Inhalt

◁ Weiß alles über Genever: Fleur von der Destillerie van Kleef (s. S. 79)

Cleveres Nummernsystem

Die Sehenswürdigkeiten sind im Text und im Kartenmaterial mit derselben **magentafarbenen ovalen Nummer** 1 markiert. Alle anderen Lokalitäten wie Geschäfte, Restaurants usw. tragen ein **Symbol und eine fortlaufende rote Nummer** (**1**). Die Liste aller Orte und die Zeichenerklärung befinden sich im Anhang.

Bewertung der Sehenswürdigkeiten

★★★ nicht verpassen
★★ besonders sehenswert
★ wichtig für speziell interessierte Besucher

Planquadrat im Kartenmaterial

[A1] Orte ohne diese Angabe liegen außerhalb unserer Karten. Alle Ortsmarken werden in der buchbegleitenden Web-App angezeigt (s. S. 140).

Alle weiteren Benutzungshinweise s. S. 144.

Museumshighlight am Hofvijver: das Mauritshuis 2

NICHT VERPASSEN!

1 Binnenhof [C8]
Rund um das mittelalterliche Gebäudeensemble des Parlaments schlägt das Herz der Stadt und der niederländischen Demokratie (s. S. 14).

8 Passage und Plaats [C8]
Die Passage, die älteste überdachte Shoppingmeile der Niederlande, und der Plaats, im Mittelalter Garten der Grafen von Holland, laden zum Bummeln und Einkaufen ein (s. S. 21).

10 Lange Voorhout [D8]
Ob zum Antiquitätenmarkt, zum Tee im Hotel Des Indes oder zum Flanieren zwischen mächtigen Linden – der „schönste Platz der Niederlande“ ist auf jeden Fall einen Besuch wert (s. S. 24).

13 Paleis Noordeinde [C8]
Das Schloss mit der langen und bewegten Geschichte ist der „Arbeitspalast“ des niederländischen Königspaars. Hier beginnt und endet jedes Jahr ihre Fahrt mit der gläsernen Kutsche zur Parlamentseröffnung im Binnenhof (s. S. 28).

14 Panorama Mesdag [C7]
In diesem Museum befindet man sich „mitten im“ größten Gemälde der Niederlande aus dem Jahr 1881. Zu sehen sind u. a. das alte Dorf Scheveningen und der Strand (s. S. 29).

15 Vredespaleis [C6]
Im Friedenspalast wird Völkerrecht gesprochen. Er ist u. a. Sitz des Internationalen Gerichtshofs der UNO (s. S. 31).

20 Kurhaus [F1]
Einst ein hölzernes Badehaus, ist das Scheveninger Kurhaus heute ein 5-Sterne-Hotel, in dem Staatsgäste verkehren (s. S. 38).

24 Hafen [B2]
Rund um den schönen Hafen von Scheveningen wird am Vlaggetjesdag der neue Hering gefeiert (s. S. 42).

157dh Abb.: ©napa74, stock.adobe.com

Willkommen in Den Haag

Den Haag mit seinen vielen Herrenhäusern, Villen und prachtvollen Gebäuden ist eine Stadt mit Stil. Mitten im Zentrum liegt der Binnenhof, ein ehemaliges Jagdschloss, um das herum die Stadt entstand. Heute ist hier das niederländische Parlament beheimatet.

Obwohl Den Haag inzwischen fast 565.000 Einwohner zählt, ist es überschaubar geblieben. Die Innenstadt lässt sich gut „erlaufen“. In Den Haag gibt es aber auch etwas, das die meisten Städte in diesem Umfang nicht bieten können: drei Strandbäder – das belebte Scheveningen, das familienfreundliche Kijkduin und das noble Wassenaar. Den Haag ist also sowohl für Kulturfreunde als auch für Strandliebhaber lohnenswert.

Den Haag ist die **Stadt des Friedens und des Rechts, Regierungssitz** und **Residenz von König Willem-Alexander und Königin Maxima.** 1899 fanden hier die ersten Friedenskonferenzen statt, Vorläufer des Völkerbunds, der nach dem Zweiten Weltkrieg in den Vereinten Nationen (UNO) seine Fortsetzung fand. Den Haag ist also de facto und de jure die Wiege der UNO. Ein Besuch des „Weltgerichts“ der UNO, des Interna-

010dh Abb.: ug

tionalen Gerichtshofs im Friedenspalast 15, sollte man in Den Haag daher einplanen. Hier kann man Geschichte förmlich atmen.

Wie erkundet man Den Haag?

Das Zentrum von Den Haag lässt sich ganz gemütlich **zu Fuß** durchqueren. Vom Bahnhof aus ist man im Nu in der Innenstadt, am einzigartigen Binnenhof 1 und in den Geschäftsstraßen. Museen und Märkte, Geschäfte und Galerien, Bars und Bistros liegen ganz nah beieinander. Und wer nach Scheveningen möchte, ist mit dem Rad, dem Bus oder der Straßenbahn in ein paar Minuten dort (s. S. 87). Ausgesprochen gut ist das **öffentliche Verkehrsnetz** Den Haags – kaum eine Ecke dieser Stadt, in die man nicht mit Bus oder Bahn gelangen könnte. Da es unzählige **Fahrradwege** gibt, kann man die Stadt auch sehr gut „erfahren". Das Auto ist in Den Haag eher unerwünscht. Die Parkhäuser sind ausgesprochen teuer, freie Parkplätze selten und wehe dem, der nach Ablauf des Parkscheins zu seinem Auto kommt. Das Bußgeld ist horrend!

Wo kann man eine Pause einlegen?

Wer sich vom Sightseeing erholen möchte, der findet am **Plein** 3 oder am **Grote Markt** [B8/9] eine Fülle an Restaurants und Bistros, in denen man das ganze Jahr über auch im Freien sitzen kann. Hier werden Menüs oder auch nur kleine Happen angeboten. Wer sich wie ein echter Holländer fühlen möchte, der holt sich am **Fischkiosk** vor dem Binnenhof 1 einen Hering und isst diesen mit einem typisch schlabberigen holländischen Brötchen oder packt den Fisch am Schwanz und beißt herzhaft hinein.

Für Kulturinteressierte gibt es in den Museen oftmals schöne Cafés oder auch kleine Gärten in der Nähe, z. B. hinter dem Kunstmuseum 26. Die schönste Pause ist jedoch für die meisten ein **Ausflug an den Strand.** Jacke im Sand ausbreiten, drauflegen und sich die Sonne auf die Nase scheinen lassen!

Wohin geht man am Abend?

Am Plein 3, an der Dunne Bierkade [B–C9], am Denneweg 12, der angrenzenden Maliestraat [D8] und am Grote Markt [B8/9] geht es auch am Abend sehr lebhaft zu, doch im Sommer trifft sich halb Den Haag an der Strandpromenade von Scheveningen. Die vielen Pavillons und Kneipen sind dann rappelvoll und man genießt die warme Jahreszeit. Auch der Hafen von Scheveningen 24 zeigt sich dann von seiner mediterranen Seite: Hier kann man hervorragend ein Gläschen Wein trinken – mit Blick auf die Fischerboote und Jachten. Wer es ruhiger mag, der geht zum wunderschönen Anna Paulownaplein [C7] im Mesdagkwartier oder ins Statenkwartier 25.

⊠ Seite 6: Mauritshuis 2 und Binnenhof 1 vor der Haager Skyline

⊠ Der Plein 3 im Herzen von Den Haag direkt gegenüber dem Parlament und mit dem Museum Mauritshuis 2 ist nicht nur im Sommer ein Hotspot

Kurztrip nach Den Haag

In zwei Tagen kann man zwar nicht ganz Den Haag erkunden, es ist aber doch genug Zeit, um die Stadt ins Herz zu schließen. Empfehlenswert ist es, am ersten Tag durch die Innenstadt zu bummeln und den anderen Tag in Scheveningen in den Museen oder in den Dünen und am Strand zu verbringen – egal, wie das Wetter ist. Das Meer hat auch im Winter seinen Reiz und es findet sich immer ein gemütliches Strandcafé (s. S. 64) für eine Pause.

1. Tag: Die Stadt erkunden

Am ersten Tag geht es durch *Zand en veen,* durch Sand und Moor. Aber keine Angst, niemand braucht hier Gummistiefel. **Sand und Moor** – das ist die Einteilung, die noch im 18. Jahrhundert für Den Haag galt. Auf dem „Sand", also auf den Dünen, lebten die reichen Den Haager, auch *Hagenaars* genannt. Der Grund: Auf Sand konnte man stabilere Häuser bauen. Die ärmeren Leute, die *Hagenezen,* lebten im Moor. Noch heute gibt es diese Unterteilung, wenngleich sie mit einem Augenzwinkern bedacht wird.

Ein ausführlicher **Stadtspaziergang,** der durch die Altstadt mit Binnenhof 1, königlichem Schloss 13 und Passage 8 führt, wird auf S. 12 beschrieben.

Wer mit **Kindern** unterwegs ist, kann am Scheveninger Strand im Sea Life (s. S. 112) oder im Legoland Discovery Centre (s. S. 111) vorbeischauen.

Wer es vorzieht, den Tag im **Museum** zu verbringen, dem sei ein Besuch des Mauritshuis 2, des Historischen Museums (s. S. 52), des kleineren Museums Bredierius 5 und des Gefängnismuseums 6 empfohlen, neben dem sich auch die beeindruckende historische Galerij Prins Willem V 7 befindet.

Keine Lust auf Stadtbummel und Menschenrummel? Kein Problem, Den Haag ist **eine der grünsten Städte der Niederlande** und lädt in seinen wunderbaren Parks zu einer Rundfahrt mit dem Ruderboot und einem Kaffee zwischen Rhododendren ein (s. S. 84).

Abends: Sand und Moor

Am späten Nachmittag geht es in die *veen,* in das Moor. Wo früher die ärmeren Gegenden waren, befindet sich heute das **multikulturelle Den Haag.** Ein Spaziergang durch Chinatown (s. S. 75) rund um die Wagenstraat [C9] führt vorbei an Geschäften voller chinesischer Kräuter und getrockneter Pilze sowie an Restaurants mit Wan Tan und Chopsuey.

Ganz in der Nähe von Chinatown gibt es an der **Dunne Bierkade** [B–C9] – oder inzwischen ganz chic „Avenue Culinaire" genannt – für jeden das passende Restaurant oder die richtige Kneipe. An warmen Sommerabenden kann man hier herrlich auf einem der zahlreichen **Restaurantboote** sitzen.

2. Tag: Strand und Scheveningen

Am zweiten Tag kann man den Sand ruhig wörtlich nehmen, denn heute geht es an den Strand. Doch bevor ein relaxter Strandspaziergang oder ein Sonnenbad angesagt ist, gibt es am Morgen noch etwas Kultur.

Vormittags

Mit dem Bus Nummer 24 gelangt man von der Innenstadt direkt zum **Kunstmuseum** 26, das Museumsfreunde von innen und weniger Kulturinteressierte zumindest von außen besichtigen sollten. Vom Museum aus gibt es zwei Möglichkeiten: ein Besuch in **Madurodam** 27, der – auch für Erwachsene sehenswerten – Miniaturwelt, oder ein Bummel durch das **Statenkwartier** 25, einem schönen Viertel aus den Anfängen des 19. Jahrhunderts voller kleiner Geschäfte und Herrenhäuser.

Mittags

Endlich Ausruhen bei einer Pizza, einem Fischbrötchen oder einem Steak – Hauptsache, der Blick fällt auf den **Hafen** 24! Rund um den Jachthafen von Scheveningen liegen unzählige Restaurants und Bistros, alle mit einer Terrasse im Freien und Blick auf die Segel- und Fischerboote. Auch für jeden Geldbeutel ist etwas dabei – und sei es die Pommesbude, die auch gebackenen Fisch anbietet und äußerst beliebt ist. Mit vollem Bauch kann man sich nun entweder an den Strand legen oder die Strandpromenade in nördlicher Richtung zum **Kurhaus** 20 laufen. Hier liegen der **Pier** 21 mit dem Riesenrad über der Nordsee, das **Museum Beelden aan Zee** 19 und eine weitläufige **Dünenlandschaft** 23.

Der Scheveninger Pier mit dem markanten Riesenrad ist weithin sichtbar

140dh Abb.: ©fotolupa, stock.adobe.com

Abends

Rund um das Scheveninger **Kurhaus** 20 und den Pier mit seinen zahlreichen Bars wird es niemandem sehr schwer fallen, einen geeigneten Platz für den Ausklang des Abends zu finden.

Im Sommer laden unzählige Strandrestaurants zum Entspannen im Loungesessel mit Meerblick ein. Im Winter gibt es unterhalb des Kurhauses oder direkt davor viele schöne Bars und Restaurants, in die es sich einzukehren lohnt.

Wer noch Energie übrig hat, kann im **Crazy Pianos** (s. S. 72) bis zum nächsten Morgen bei Livemusik durchtanzen.

Stadtspaziergang

Wir starten den Spaziergang im *zand,* im mondäneren Teil der Innenstadt rund um den Binnenhof 1. Zur Stärkung gibt es ein Frühstück im **Dudok** (s. S. 68). Dann geht es über den **Plaats** 8 zur Straße **Noordeinde,** wo sich der **Arbeitspalast des Königs** 13 befindet. Auf dem Weg passiert man die Shoppingareale **Passage** 8, **Haagsche Bluf** (s. S. 76) und **Molenstraat** [C8]. Wer sich mehr für Kultur als fürs Einkaufen interessiert, geht die Straße Noordeinde weiter stadtauswärts (viele Galerien!) und besucht das **Panorama Mesdag** 14, dessen beeindruckendes Rundum-

Das gibt es nur in Den Haag

Das niederländische Königshaus: König Willem-Alexander und Königin Máxima residieren hier. Willem-Alexander übernahm das höchste Staatsamt am 30. April 2013 von seiner Mutter, der Ex-Königin Beatrix. Nun ist Beatrix wieder Prinzessin und ihr ältester Sohn Willem-Alexander König und Staatsoberhaupt der Niederlande. Dessen Gattin Máxima darf sich seit 30. April 2013 Königin nennen.

Prinsjesdag: An jedem dritten Dienstag im September eröffnet der König mit einer Thronrede das Parlament (aufgrund der Renovierung des Binnenhofs hält er seine Rede derzeit in der Koninklijke Schouwburg). Während seiner Fahrt mit der Gläsernen Kutsche wird er von Tausenden Menschen bejubelt, die am Straßenrand dem Spektakel beiwohnen. Die Kinder haben an diesem Tag schulfrei.

Tong Tong Fair: Das größte euro-asiatische Festival der Welt lockt seit über 60 Jahren Tausende Besucher auf das Malieveld in Den Haag. In 14 Hallen, an Hunderten von Ständen, während 400 Workshops, Lesungen, Aufführungen, Ausstellungen und Vorlesungen bekommt man einen hervorragenden Eindruck von der indonesischen und der südostasiatischen Kultur. Wie schmeckt ein Nasi Goreng, welche Früchte wachsen auf Bali, wie klingt Musik aus Polynesien und was ist ein Tong Tong? Hier wird man es erfahren. Dieses rauschende Festival ist ein Magnet für alle, die sich für andere Kulturen interessieren (Infos unter www.tongtongfair.nl).

Das „Weltgericht“: Der Internationale Gerichtshof der UNO. Den Haag ist die Wiege des internationalen Völkerrechts. Alle wichtigen internationalen Gerichte haben hier ihren Sitz, zudem viele andere Organisationen wie beispielsweise Europol, das Europäische Patentamt und die Chemiewaffenabrüstungskonferenz OPCW, die mit dem Friedensnobelpreis ausgezeichnet wurde.

Routenverlauf im Stadtplan

Der hier beschriebene Spaziergang ist mit einer farbigen Linie im Stadtplan eingezeichnet.

Panoramabild eine detailgetreue Wiedergabe des früheren Scheveningen zeigt. Von dort aus geht es weiter zum **Friedenspalast** (15).

Über die mondäne Javastraat, dann rechts in die Frederikstraat, die später in den schönen Denneweg (12) mit seinen kleinen Geschäften und Galerien übergeht, gelangt man zum **Lange Voorhout** (10), einem der schönsten Plätze Hollands, an dem sich auch das Escher-Museum (s. S. 51) und das Luxushotel Des Indes (11) befinden. Entweder sucht man sich bereits hier ein Plätzchen unter den schattigen Bäumen oder man schlendert weiter zum **Plein** (3), wo gemütliche Restaurants mit ihren Terrassen zum Ausspannen, Kaffeetrinken oder Mittagessen einladen.

Mein Tipp

Hop-On-Hop-Off-Straßenbahn

Von April bis Oktober verkehrt eine Hop-On-Hop-Off-Tourist-Tram zwischen dem Zentrum Den Haags und dem Strand von Scheveningen. Eingesetzt werden historische Fahrzeuge aus den 1950er-Jahren. Eine Tageskarte kostet für Erwachsene 16 € und für Kinder 5 €.

› https://touristtram.nl

Nun befindet man sich fast wieder am Ausgangspunkt, am **Binnenhof** (1), in dem normalerweise der Premierminister seinen Amtssitz hat (momentan wird das Gebäude renoviert). Mit einem Blick auf den idyllischen Hofvijver, einen kleinen See, der das Parlamentsgebäude an einer Seite umgibt, endet der Spaziergang.

Im Sommer pendelt die Tourist-Tram zwischen Zentrum und Strand

080dh Abb.: ug

Rund um den Binnenhof

Rund um den Binnenhof, das Parlamentsviertel, schlägt das Herz der Stadt. Ob am Plein, am Plaats oder am Buitenhof – überhall ist etwas los. Der Plein bietet Nachtleben, am Plaats gibt es schöne Shops, Restaurants und Cafés und gleich dahinter befinden sich die Haager Einkaufsmeilen.

1 Binnenhof ★★★ [C8]

Der Binnenhof ist ein mittelalterliches Gebäudeensemble, das an einer Seite von einem kleinen See begrenzt wird. Er ist das Herz der niederländischen Demokratie und deren politisches Zentrum. Hier befinden sich – wenn die derzeitige Renovierung abgeschlossen ist – die beiden Kammern des Parlaments, die Eerste Kamer (der Senat) und die Tweede Kamer (das Parlament). Zusammen bilden Eerste und Tweede Kamer die sogenannten Generalstaaten.

Im Jahr 1229 kaufte **Floris IV., Graf von Holland**, an der Stelle des heutigen Binnenhofes Land, um sich ein Jagdschloss zu bauen. Sein Sohn, **Graf Willem II.**, errichtete dann zwischen 1248 und 1280 im gotischen Baustil den **Ridderzaal („Rittersaal")**, um den sich heute der gesamte Binnenhof gruppiert. Im Zweiten Weltkrieg wurde während der Besatzung der Niederlande durch die Nationalsozialisten (1940–1945) der Österreicher Arthur Seyß-Inquart im Ridderzaal als „Reichskommissar für die besetzten Niederlande" installiert.

Der Binnenhof mit dem Hofvijver

Parlamentseröffnung

Jedes Jahr am dritten Dienstag im September fährt die Kutsche mit **Ihrer Majestät, dem König oder der Königin der Niederlande** vor. Seit 2013 ist dies König Willem-Alexander, der mit seiner Gattin Königin Máxima in der Gläsernen Kutsche ankommt. (Die traditionelle Goldene Kutsche steht inzwischen in Amsterdam im Museum.) Die Kutsche stoppt direkt vor dem **Rittersaal,** dem Herzstück des niederländischen Parlaments im Binnenhof 1. Dann öffnen Lakaien die Tür, Seine Majestät König Willem-Alexander und seine Frau Königin Máxima steigen aus, drehen sich zur Seite und verbeugen sich vor der blau-weiß-roten **Nationalflagge** der Niederlande mit dem „oranje wimpel" daran. Der orangefarbene Wimpel – Oranje ist die Farbe und der Name des niederländischen Königshauses von Oranien-Nassau – wird eigens zu diesem feierlichen Zweck an der niederländischen Trikolore angebracht. Noch während sich der König vor der Nationalflagge verbeugt, ertönt die **Nationalhymne** – die **Wilhelmus.** Sie beginnt mit den Worten „Wilhelm von Oranien bin ich, von deutschem Blut." Nun schreitet der König die Treppen zum **Ridderzaal** („Rittersaal") empor. Sobald er das große Eingangsportal zwischen den beiden Türmen durchschritten hat, erheben sich alle im Saal Anwesenden von ihren Stühlen, um Seiner Majestät die Ehre zu erweisen. Dieser schreitet nun mit erhobenem Haupt zu seinem Thron, nimmt Platz und beginnt damit, seine alljährliche **Thronrede** zu verlesen. Sie beginnt immer mit den Worten „Leden der Staaten General", denn die Mitglieder der „Staaten General" (der Generalstaaten), das gewählte Parlament (Tweede Kamer) und der indirekt gewählte Senat (Eerste Kamer), haben sich versammelt, um aufmerksam zu verfolgen, was der König in seiner Thronrede verkündet.

Die Thronrede ist ein Ritual, de facto aber keine Rede, die der König selbst verfasst hätte, sondern die **Erklärung der jeweils amtierenden Regierung.** Mit diesem feierlichen Zeremoniell wird alljährlich die parlamentarische Sommerpause beendet und das neue parlamentarische Jahr eingeläutet.

Am Ende der Thronrede, die meist mit den Worten „Gott schütze ihn" abgeschlossen wird, erhebt sich der **Parlamentspräsident** von seinem Stuhl und ruft „Lang lebe der König!" Dann schallt es von den anwesenden Parlamentariern zurück „Hurra, Hurra, Hurra!"

Es ist ein bewegendes politisches Schauspiel, theaterreif inszeniert, das hier alljährlich in Den Haag stattfindet. Wenn der König mit seiner Kutsche im Schritttempo durch die gesamte Innenstadt zum Binnenhof fährt, jubeln alljährlich Zehntausende begeisterte **Oranje-Fans** ihrem Staatsoberhaupt zu und rufen dann „Leve de Koning, leve de Koning!" – „Lang lebe der König!"

Während der Renovierung des Binnenhofs, die noch bis mind. 2028 dauert, wird die Thronrede stattdessen in der **Koninklijke Schouwburg** abgehalten.

Von der **Tweede Kamer,** dem eigentlichen Parlament der Niederlande, hat man direkten Zugang zum Ridderzaal, ebenso vom Sitz des Ministerpräsidenten, der im **Torentje,** einem Turm hinter dem Ridderzaal und direkt gegenüber dem Museum Mauritshuis 2, residiert. Die jeweiligen niederländischen Ministerpräsidenten regieren bereits seit dem Jahr 1849, nachdem die Niederlande 1813 eine konstitutionelle Monarchie mit gewähltem Parlament geworden waren, vom Torentje aus.

Gegenüber dem Ridderzaal und noch vor dem Torentje befindet sich bei der Adresse Binnenhof 20 der Eingang zum **Treveszaal**, einem weiteren historischen Ort mitten im Haager Regierungsviertel. Hier wurde während des **Achtzigjährigen Krieges** (1568–1648) gegen die spanischen Habsburger regelmäßig mit den Spaniern verhandelt und 1608 der **zwölfjährige Waffenstillstand** („Twaalfjarig Bestand") geschlossen. Dieser Waffenstillstand machte es möglich, dass die damalige Republik der Vereinigten Niederlande zur Weltmacht aufsteigen und die Spanier als führende Seemacht ablösen konnte. Im Frieden zu Münster und Osnabrück 1648 – der in Deutschland auch den Dreißigjährigen Krieg beendete – wurde die Unabhängigkeit der Republik der Vereinigten Niederlande erstmals international anerkannt.

Etwa hundert Meter vor dem Haupteingang zum Ridderzaal schmückt der goldfarbene, verzierte Brunnen **De Fontein** den Binnenhof. Er ist ein Werk des niederländischen Architekten **Pierre Cuypers** und war eigentlich gar nicht für den Binnenhof bestimmt, sondern wurde für eine Ausstellung im Amsterdamer Rijksmuseum im Jahr 1883 geschmiedet. 1885 wurde Cuypers damit beauftragt, den Rittersaal neu zu gestalten, woraufhin der seinen Brunnen stattdessen hier aufstellen ließ. Rund um den Brunnen ist auf einem Schriftband zu lesen: „Zum Gedächtnis an den Graf von Holland, König Willem II., den Förderer der städtischen Weisheiten, den Beschützer der Kunst, den Gründer der Schlösser in Den Haag und in Haarlem."

Zurzeit wird der Binnenhof **renoviert**, da die Sicherheit im Brandfall nicht mehr gewährleistet werden konnte und das Gebäude Asbest enthielt. Nachdem zunächst mit Kosten von 475 Mio. Euro gerechnet wurde, ist seit Anfang 2024 bekannt, dass sie sich insgesamt voraussichtlich auf mehr als eine Milliarde Euro belaufen werden. Auch der geplante Renovierungszeitraum kann vermulich nicht eingehalten werden. Ein Teil der Arbeiten soll **frühestens 2028 abgeschlossen** sein. Die Eerste und Tweede Kamer haben in der Zwischenzeit eine andere Bleibe in der Kazernestraat 52 [D8] und im Bezuidenhoutseweg 67 [E9] gefunden. Es wird versucht, auch während der Renovierungszeit eine Möglichkeit für Besichtigungen zu bieten, z. B. über eine Aussichtsplattform. Über die Renovierung des Binnenhofs gibt das gratis zugängliche **Informationszentrum Binnenhofrenovatie** Auskunft (auch in englischer Sprache). Zu sehen sind dort zudem Fundstücke, die während der Renovierungsarbeiten ans Tageslicht kamen.

ⓘ2 [C8] **Informationszentrum Binnenhofrenovatie,** Plaats 22, www.binnenhofrenovatie.nl, Mi.–Sa. 10–16, So. 12–16 Uhr

2 Mauritshuis ★★★ [D8]

Die angesehene New York Times stellte das Haager Museum und dessen Gemäldesammlung auf eine Stufe mit dem Louvre in Paris und dem Prado in Madrid. Und in der Tat gibt es im Mauritshuis großartige Kunst zu sehen.

Die gesamte Kollektion des Mauritshuis besteht derzeit aus **800 Gemälden, 50 Miniaturen** und **20 Skulp-**

turen. Hier kann man viele berühmte Werke der niederländischen Malerei und anderer europäischer Maler des 17. und des 18. Jahrhunderts für sich entdecken. Das bekannteste Gemälde ist natürlich „Het meisje met de parel" („**Das Mädchen mit dem Perlenohrring**") von **Johannes Vermeer** aus dem Jahr 1660. Wer das schöne Mädchen mit dem Perlenohrring war, ist ungewiss. Erst später bekam es in einem Roman und einem großen Hollywoodfilm eine Geschichte „angedichtet": Es soll sich um die 17-jährige Griet handeln, die im Hause der Familie Vermeer als Magd diente und dem Meister die Farben anrühren durfte. Der für seine Perfektion bekannte Vermeer schuf nur wenige Bilder pro Jahr, drei seiner insgesamt 34 Werke sind im Besitz des Mauritshuis, darunter auch „Die Ansicht von Delft".

Weitere Klassiker der königlichen Sammlung im Mauritshuis sind „Der Stier" von **Paulus Potter** (wird derzeit restauriert, Museumsbesucher können live bei den Arbeiten zusehen), „Der Sündenfall des Adam im irdischen Paradies" von **Jan Brueghel dem Älteren,** das Selbstportrait des alternden **Rembrandt van Rijn** aus dem Jahr 1669 und das Portrait des Robert Cheseman, das **Hans Holbein der Jüngere** 1533 auf die Leinwand bannte, als wäre es eine Hochglanzfotografie. Natürlich fehlt auch der niederländische Maler **Jan Steen** nicht, der im 17. Jahrhundert lebte, dem „Goldenen Zeitalter" der Niederlande. Wenn die Deutschen sagen „Hier schaut's aus wie bei Hempels unter'm Sofa", dann sagen die Holländer „een huishouden van Jan Steen". Denn Jan Steen, Zeitgenosse Rembrandts und zeitweise Den Haager Bürger, malte Bilder, in denen es recht feucht-fröhlich, gar chaotisch zugeht. Ganze Familien, vom Säugling bis zum Großvater, sitzen um einen reich gedeckten Küchentisch. Es wird Musik gespielt, aus vollem Hals gesungen und leicht angetrunken getanzt. Auf dem Boden liegen Küchenabfälle, stehen Weinkrüge und mittendrin tummeln sich Hunde und Wein trinkende Kinder. Das Mauritshuis hat insgesamt 15 Bilder von Jan Steen in seiner Sammlung, von denen derzeit drei besichtigt werden können.

Das **Gebäude** dieses besonderen Museums entstand ebenfalls im 17. Jahrhundert. Es grenzt an einer Seite an das Torentje, den kleinen Turm, in dem sich das Büro des Ministerpräsidenten der Niederlande befindet. Auf der anderen Seite wird das Mauritshuis vom Wasser des Hofvijvers umspült, einem idyllischen See mitten in der Stadt.

Seinen Namen verdankt das Mauritshuis dem holländischen Grafen **Johann Maurits van Nassau-Siegen.** Er war von 1636 bis 1644 Gouverneur einer niederländischen Kolonie in Brasilien und ließ sich dieses feudale Stadtschloss bauen, damit er es gemütlich hatte, wenn er aus der Ferne nach Den Haag zurückkehrte.

Der Architekt des im Stil des niederländischen Klassizismus erbauten Mauritshuis war **Jacob van Campen** – der holländische Stararchitekt jener Zeit.

Im Jahr 2017 wurde die Büste von Johann Maurits van Nassau-Siegen aus dem Foyer des Museums entfernt: Er hat einen Großteil seines Geldes mit Sklavenhandel verdient.

Wer nach der Besichtigung Appetit auf Kaffee und Kuchen bekommen hat, kann sich einen Platz in der schönen Brasserie Mauritshuis im Museumsgebäude suchen.

› **Mauritshuis,** Korte Vijverberg 8, www.mauritshuis.nl/de/besuch, Straßenbahn 17 (Haltestelle Korte Voorhout) oder 10 Minuten Fußweg vom Zentralbahnhof, Mo. 13–18, Di.–So. 10–18 Uhr, Eintritt: 19,50 €, bis 18 Jahre frei, mit Museumkaart (s. S. 106) frei

3 Plein ★★★ [D9]

Der Plein ist derzeit wohl der angesagteste Platz der Stadt, was das Ausgehen – auch am Tag – angeht. Hier wird jedem etwas geboten. Gleich nebenan befindet sich der Binnenhof, daher kann es passieren, dass man seinen Cocktail auch schon mal neben einem Minister trinkt. Durch diese Nähe zum Parlament finden auf dem Platz aber auch häufig politische Demonstrationen statt.

Mein Tipp

Wein am Plein

Am Plein liegt die **Weinbar Millers** (s. S. 72), in der man nicht nur auf einen guten Wein einkehren, sondern auch einen Happen essen kann. Spätabends verwandelt sich das Millers in einen Club mit Tanzfläche.

Der Plein liegt zwischen dem Parlamentsgebäude und den Straßen Korte und Lange Poten mitten in Den Haag. Hier befindet sich auch der **Haupteingang zum Binnenhof** 1. Mitten auf dem Platz thront auf seinem Sockel die **Statue von Willem van Oranje,** dem „Vater" der Niederlande. Er und seine Nachfahren erkämpften im Achtzigjährigen Krieg die Unabhängigkeit von den spanischen Habsburgern.

Baruch de Spinoza

Sowohl Amsterdam als auch Den Haag beanspruchen den großen Philosophen Baruch de Spinoza für sich. Der **portugiesische Jude** kam als Bento de Espinosa am 24. November 1632 in Amsterdam zur Welt. Genau wie René Descartes und Gottfried Leibniz war Spinoza ein **Philosoph des Rationalismus.** In seinem bekanntesten Werk, „Ethica", das erst nach seinem Tod erschien, schrieb er sein radikales Denken nieder. Spinoza war der erste große Philosoph, der die Existenz von Wundern infrage stellte und das sogenannte „Übernatürliche" anzweifelte. „Gott besteht nicht außerhalb der Natur, sondern wird personifiziert durch die Natur", schrieb er.

Seine radikalen Ideen brachten Spinoza in Konflikt mit der jüdischen Gemeinde in Amsterdam, aus der er am 27. Juli 1656 verbannt wurde. Der „Gesegnete", so die Bedeutung seines Vornamens, übersiedelte 1669 nach **Den Haag.** Zuerst wohnte er in der Veerkade und dann an der Paviljoensgracht bei dem Maler Hendrik van der Spyk. Im Jahr 1672 wurde er Zeuge, wie sein Freund und Beschützer, der Ratsherr Johan de Witt, und dessen Bruder Cornelis auf dem Plaats am heutigen Gevangenpoort von einer aufgebrachten Menge gelyncht wurden. Spinoza war empört und verfasste das Traktat „Ultimi Barbarorum" („Ihr seid Barbaren").

Einen Ruf, um als Philosophieprofessor an die Universität von Heidelberg zu kommen, lehnte Spinoza 1673 ab. Am 21. Februar 1677 starb er im Alter von nur 44 Jahren in Den Haag an **Tuberkulose.** An der Paviljoensgracht, wo er lange wohnte, steht ein Denkmal, das dort 1880 enthüllt und von dem Bildhauer Frederic Hexamer modelliert wurde.

Rund herum pulsiert das pralle Leben. Der Plein hat sich zu einem der Hotspots Den Haags entwickelt. Das **Nachtleben** hier kann sich mit dem des Leidseplein in Amsterdam ohne Weiteres messen. Auch viele Regierungsmitglieder und Parlamentarier kommen im Sommer gern zu einer kurzen Pause oder für ein Bierchen am Abend auf eine der vielen Terrassen des Plein, wo man sich unter das Volk mischen kann.

4 Huis Schuylenburch ★ [C8]

Huis Schuylenburch ist zweifellos eine der schönsten Botschafterresidenzen in Den Haag. Vor hier aus kann man – mit einem guten Fernglas – dem jeweils amtierenden Ministerpräsidenten, der gegenüber in seinem Turm, dem Torentje, arbeitet, quasi auf den Schreibtisch gucken. Zwischen Huis Schuylenburch und dem Haager Parlament liegt der kleine See Hofvijver, der schon im 14. Jh. von Graf Albrecht angelegt wurde.

Die Residenzen von Botschaftern sind in der Regel repräsentative Prachtbauten. Sie liegen meist an den schönsten Straßen und Plätzen in den jeweiligen Hauptstädten der Länder, in die Botschafter entsandt werden. Der jeweilige deutsche Botschafter in Den Haag aber kann für sich in Anspruch nehmen, dass er zudem in einem der **bedeutendsten Baudenkmäler der Stadt** residieren darf – dem Huis Schuylenburch, als direkter Nachbar des Den Haager Parlaments und der niederländischen Regierung.

Zu Beginn des 18. Jh. ließ der wohlhabende Den Haager Bürger Cornelis van Schuylenburch vom Baumeister Daniel Marot diese Residenz **im Stil Louis XIV.** errichten. Das Gesamtkunstwerk aus Architektur, Malerei und Stuckaturen ist bis heute in nahezu unveränderter Form erhalten. Im Jahr 1964 und zwischen 2001 und 2003 wurde das Gebäude von der Bundesrepublik Deutschland mit großem Finanzaufwand saniert, renoviert und behutsam modernisiert.

Der **Grüne** und der **Gelbe Salon**, die **mondäne Eingangshalle**, das **Herren-** und das **Speisezimmer**, das von Jacob de Wit gefertigte **Deckengemälde** im Grünen Salon mit der Darstellung des himmlischen Bacchanals und das **Porträt der Iphigenie** im Treppenhaus sind ein Augenschmaus für die Besucher und die Bewohner.

Jedes Jahr am 3. Oktober, wenn der Botschafter anlässlich des deutschen Nationalfeiertags zum Empfang lädt, ist Huis Schuylenburch die Begegnungsstätte für „tout La Haye."

Mit dem Palais Beauharnais in Paris ist das Huis Schuylenburch die bauhistorisch bedeutendste und schönste Residenz der Bundesrepublik Deutschland im Ausland. Der Prachtbau wurde 1888, also noch unter dem Kanzler **Otto von Bismarck**, von Deutschland gekauft. Nach dem Zweiten Weltkrieg, als die Niederlande von Nazi-Deutschland erst überfallen und dann besetzt worden waren, wurde Huis Schuylenburch von der Haager Regierung als „feindliches Gut" konfisziert. Erst als die 1949 gegründete Bundesrepublik und die Niederlande 1960 den Ausgleichsvertrag schlossen und die Bundesrepublik die Niederlande finanziell entschädigten, gab Den Haag den Stadtpalast zurück. Seither dient Huis Schuylenburch wieder als Residenz des deutschen Botschafters, der auch mit seiner Familie darin wohnt.

› **Huis Schuylenburch**, Lange Vijverberg 8. Eine Besichtigung ist leider nicht möglich.

5 Museum Bredius ★★ [D8]

Eine kleine, unscheinbare Museumsperle befindet sich direkt am Hofvijver, untergebracht in einem der stattlichen, schicken Herrenhäuser aus dem 18. Jahrhundert.

Hier wohnte Abraham Bredius (1855–1946), ein Kunstsammler und jahrelanger Museumsdirektor des auf der anderen Seite des Hofvijvers gelegenen Mauritshuis 2. Der Sohn wohlhabender Eltern spezialisierte sich auf die **Kunst des Goldenen Zeitalters** und konnte ganze sieben Rembrandt-Gemälde sein Eigen nennen. Sechs davon schenkte er dem Mauritshuis, doch eines, ein Portrait von Jesus Christus, hängt noch immer in seinem früheren Wohnzimmer.

Wandelt man durch die Zimmer und Gänge des mit Antiquitäten und Tafelsilber eingerichteten Hauses, so stößt man auf eine Anzahl von **Rembrandt-Skizzen** und auf Gemälde von u. a. Jan Steen, Van der Neer oder Salomon van Ruysdael.

› **Museum Bredius,** Lange Vijverberg 14, https://museumbredius.nl, Di.–So. 11–17 Uhr, Eintritt: 8 €

6 Museum de Gevangenpoort (Gefängnismuseum) ★★ [C8]

Auf der nordwestlichen Seite des Binnenhofs und des Pleins liegt der **Buitenhof** (*binnen* bedeutet „innen" und *buiten* „außen"). Dort gibt es ebenfalls viel zu sehen und zu erleben. So z. B. im Gevangenpoort: Das einstige Gefängnis mit seinen Folterkammern im ehemaligen Tor der Stadtmauer rund um den Binnenhof 1 dokumentiert die Gräuel des Mittelalters, ist aber auch ein wichtiger Teil der niederländischen Geschichte und hat schreckliche, ja grausame Dinge zu erzählen. So etwa die Geschichte der Vierteilung der Gebrüder Cornelis und Johan de Witt, die hier 1672 wegen angeblichen Meineids und eines ihnen unterstellten Anschlags auf Graf Willem II. von der aufgebrachten Menge regelrecht gelyncht wurden. Die Gebrüder de Witt wurden inzwischen jedoch rehabilitiert – Jahrhunderte später.

Mit einer geführten Gruppe geht es durch die Räume. In einer kleinen kalten Zelle harrten bis zu 15 Gefangene aus. Es hat einen Grund, warum der Besuch des Gevangenpoorts Kindern unter 8 Jahren abgeraten wird. Der Anblick der Folterinstrumente, Galgen und Streckbänke ist nichts für junge Seelen. Dennoch: Der Gevangenpoort ist ein Erlebnis und gibt einen guten Einblick in frühere Zeiten und Sitten. Eine echte Empfehlung für Den-Haag-Besucher!

› **Museum de Gevangenpoort,** Buitenhof 33, nordwestlich vom Binnenhof, Tel. 070 3460861, www.gevangenpoort.nl/de, Straßenbahn 17, Haltestelle Buitenhof, Di.–Fr. 10–17, Sa., So. 11–17 Uhr, es wird pro halbe Stunde nur eine begrenzte Anzahl Besucher zugelassen, Eintritt: 15 €, Kinder 7,50 € (beinhaltet auch Zutritt zur Galerij Prins Wilem V 7), mit Museumkaart (s. S. 106) frei

MEIN TIPP

Parken im Museumkwartier

Mauritshuis 2, Gevangenpoort 6 und die anderen Museen rund um den Hofvijver bilden das Museumkwartier. Etwas günstiger in der gleichnamigen Tiefgarage parken kann man, wenn man sich unter https://parkereninmuseumkwartier.nl/en ein Onlineticket sichert.

› *Kunst bis unter die Decke in der Galerij Prins Willem V*

131dh Abb.: ug

⑦ Galerij Prins Willem V ★★ [C8]

Der Prinz hatte Geschmack: Er sammelte wunderschöne holländische Gemälde des 17. und 18. Jahrhunderts. Geld hatte der Statthalter auch, denn die Bilder sind zahlreich und schmücken seinen großen Empfangssalon – dichtgedrängt vom Fußboden bis unter die Zimmerdecke!

Man hat einen Wow-Effekt, wenn man den großen Empfangssalon betritt: so viele historische Gemälde in einem einzigen Raum! Und es sind nicht einfach irgendwelche Künstler, die der Statthalter Prinz Willem V. hier in seinem repräsentativen Privatmuseum aus dem Jahr 1774 zusammengetragen hat: Rembrandt van Rijn, Jan Steen, Govert Flinck, Jacob van Campen, Peter Paul Rubens und Paulus Potter gehören zu den großen Namen. Die Sammlung von Prinz Willem kann als **erstes Museum von Den Haag** bezeichnet werden, denn sie war an bestimmten Tagen der Öffentlichkeit zugänglich. Später bildete die berühmte Kunstkollektion die Grundlage für das Museum Mauritshuis ②, das heute die Werke verwaltet. Im Eintrittspreis für das Mauritshuis ist der Galeriebesuch inbegriffen.

› **Galerij Prins Willem V,** Buitenhof 33, gleicher Eingang wie Gevangenpoort ⑥, www.mauritshuis.nl, Di.–So. 12–17 Uhr, Eintritt: 5,50 €, mit Museumkaart (s. S. 106) frei

⑧ Passage und Plaats ★★★ [C8]

Ein bisschen Mailand und Neapel in Den Haag – das findet man in der Haager Passage, wo es nicht nur gute italienische Restaurants, sondern auch noble Geschäfte, einen beeindruckenden Apple Store sowie Süßwarenläden gibt, die köstliche belgische Pralinen anbieten. Der richtige Ort, um zu bummeln – nicht nur, wenn es regnet.

Die Passage ist die älteste überdachte Shoppingmeile der Nieder-

132dh Abb.: ug

lande. Sie wurde 1885 im Baustil der **Neorenaissance** mit einigen expressionistischen Zügen unter Leitung des Haager Architekten Petrus Josephus de Sonnavile gebaut, der auch an der architektonischen Konzeption des Kurhauses 20 in Scheveningen beteiligt war.

Als die Passage mit der gläsernen Dachkuppel **Ende des 19. Jahrhunderts** ihre schmiedeeisernen Tore zum ersten Mal öffnete, machte sich in der Haager Society freudige Erregung breit. Man versprach sich von den stilvollen, überdachten Geschäften, dass sie Luxusartikel aus der Weltstadt Paris verkaufen würden. Und in der Tat, viele Geschäfte boten Duftendes und Kleidendes an, das per Post von der französischen Metropole nach Den Haag geschickt wurde. Endlich konnten die feinen Den Haager mit dem Rest Europas mithalten!

Shoppen mit italienischem Flair in der Passage 8

Nach dem Zweiten Weltkrieg wurde die einst prächtige Einkaufspassage lange sich selbst überlassen. Es gab keine Investoren, die sich an die teure Renovierung wagten. Inzwischen hat das historische Monument ein Facelift bekommen und erstrahlt in alter Grandezza.

Die **Geschäfte** sind in der gehobenen Klasse angesiedelt: u.a. ein Küchengeschäft, Geschäfte für Kosmetik, Designgeschenke, Schuhe, Mode und zwei sehr schöne Bistros.

› **Passage,** www.depassage.nl, Mo. 11–18, Di., Mi., Fr., Sa. 9.30–18, Do. 9.30–21, So. 12–17 Uhr

Der **Plaats** (Platz), an dem sich heute zahlreiche Restaurants und edle Modegeschäfte befinden, war im Mittelalter der Garten der Grafen von Holland. Der Platz liegt zwischen Binnenhof 1, Buitenhof und Hoogstraat und ist ein weiteres Den Haager Fleckchen mit Geschichte. So arbeitete in Haus Nr. 14 von August 1869 bis Juni 1873 **Vincent van Gogh** im damaligen Kunsthandel Goupil. Aber auch eine blutige Vergangenheit hat der Plaats, denn hier fanden vom 14. bis zum 18. Jahrhundert die **Hinrichtungen** verurteilter Gewaltverbrecher und solcher, die dafür gehalten wurden, statt. Auch die Gebrüder de Witt (s. S. 20) starben hier. Einem der beiden, Johan de Witt, setzte man 1918 auf dem Plaats ein Denkmal, denn die Brüder wurden längst rehabilitiert. Man achte auf den rechten Zeigefinger der Statue. Er zeigt dorthin, wo de Witt 1672 ermordet wurde.

9 Het Oude Stadhuis (Das alte Rathaus) ★★ [C8]

Das alte Rathaus von Den Haag ist eines der schönsten **Renaissancegebäude** der niederländischen Regierungsmetropole. Es befindet sich am Groenmarkt, wurde im Jahre 1564 erbaut und ist eines der wenigen Rathäuser der Niederlande, das keinen großen Platz um sich herum hat, dafür aber einen **Turm** besitzt. Es steht auf exakt dem Platz, an dem die reichen „Heren van Brederode", ein berühmtes, bereits ausgestorbenes niederländisches Adelsgeschlecht, früher ihr **Stadtschloss** hatten. Letzteres wurde aber konfisziert, weil die „Heren" angeblich an der Ermordung der Mätresse von Graf Albrecht von Holland beteiligt waren. Das Stadtschloss diente dann als „Haagse Dorpshuys" (Rathaus), wurde aber abgerissen, um für das sich nun hier befindende Gebäude Platz zu schaffen.

Seit das vom amerikanischen Stararchitekten Richard Meier entworfene **Neue Rathaus** 16 an der Spui in Gebrauch genommen wurde, wird das Oude Stadhuis immer noch als Dependance genutzt. Wegen seiner zentralen Lage, der unvergleichlichen Architektur und der feudalen Innenausstattung finden hier noch regelmäßig Empfänge statt, es werden Hochzeiten geschlossen und Geburten gemeldet. Vor allem, wenn die **königliche Familie** Nachwuchs hat, dient das alte Den Haager Rathaus als schöne Kulisse für die Eintragung der Neugeborenen ins Einwohnermelderegister. König Willem-Alexander und Königin Máxima meldeten hier ihre drei Töchter, die Prinzessinnen Catharina-Amalia, Alexia und Ariane, an. Unten, in den früheren Katakomben des alten Rathauses, befindet sich heute ein Restaurant.

› **Het Oude Stadhuis,** Grote Halstraat 1, Den Haag. Eine Besichtigung von innen ist leider nicht möglich.

070dh Abb.: ug

Wird heute gern als Standesamt genutzt: das alte Renaissancerathaus

Vom Lange Voorhout zum Antiquitätenviertel

Vom Lange Voorhout zum Antiquitätenviertel Noordeinde – einen schöneren Spaziergang durch Den Haag gibt es kaum, besonders zwischen Februar und Oktober. Ende Februar blühen hier prächtig die Krokusse, von März bis Oktober findet immer donnerstags und sonntags der große Antiquitätenmarkt statt, die Lindenalleen spenden im Sommer Schatten, das Hotel Des Indes lädt sonntags zum Tee und das Escher Museum (s. S. 51) inspiriert den Besucher.

⑩ Lange Voorhout ★★★ [D8]

Wer in Den Haag flanieren will, der sollte über den Lange Voorhout schlendern – am besten donnerstags und sonntags, wenn hier der Antiquitätenmarkt stattfindet. Oder man geht zum Tee ins Hotel Des Indes, wo sich die Haager High Society trifft.

Der **L-förmige Platz** wurde im 15. Jh. als neues und elegantes Wohnviertel für gut betuchte Bürger angelegt. **Berühmt** ist er aus vieler-

Kloosterkerk – die Kirche von Ex-Königin Beatrix

Die Kloosterkerk (Lange Voorhout 2) ist eines der ältesten Gebäude am Lange Voorhout. Man nennt sie auch „die Kirche von Beatrix“, weil die ehemalige Königin hier sonntags regelmäßig die Gottesdienste besuchte, meist in Begleitung von weiteren Mitgliedern der königlichen Familie. Die **protestantische Kirche** begrenzt den Lange Voorhout zum Tournoiveld hin, hinter dem sich auf der Straße Noordeinde, das Stadtschloss Palais Noordeinde ⑬ befindet.

Ursprünglich als katholische Kirche und für die Dominikaner auch als Kloster in Diensten, wurde die Kloosterkerk nach der Reformation ab dem Jahr 1617 von den Protestanten und den Calvinisten als Gotteshaus genutzt. Im Jahr 1625 heirateten dort Prinz Frederik Hendrik und Amalia von Solms.

Während der Besatzung der Niederlande durch Nazi-Deutschland wurden Teile der Kirche abgerissen und Kunstschätze, die sich darin befanden, geraubt. Nach dem Krieg wurde die Kloosterkerk allerdings vollständig renoviert und erstrahlt nun wieder im alten Glanz.

145dh Abb.: ©Artur Bogacki, stock.adobe.com

lei Gründen: wegen seiner breiten Lindenalleen, der farbenprächtigen Krokusblüten, die hier jedes Jahr im Februar zu sehen sind, dem Antiquitätenmarkt (s. r.), der Klosterkirche (Kloosterkerk, s. S. 24), dem Hotel Des Indes (11), dem schmalsten Haus von Den Haag, dem Sitz des höchsten Gerichts der Niederlande (dem Hoge Raad), dem Künstlertreffpunkt Pulchri Studio, dem Museum Escher (s. S. 51) im einstigen königlichen Palast, dem Denkmal für Herzog Karl Bernhard von Sachsen-Weimar, kulinarischen Institutionen wie dem Restaurant WOX (s. S. 58) und dem Sitz des Johanniter Ordens sowie eines der nobelsten Bankhäuser der Niederlande, F. van Lanschot Bankiers.

Berühmt ist auch der niederländische **Stabreim** „Liesje Leerde Lotje Lopen Langs de Lange Lindelaan" („Liesje lehrte Lotje das Laufen Langs (entlang) der Lange Lindelaan"), den jedes Kind in Holland in der Schule lernt. Lange Lindelaan – so wurde der Lange Voorhout früher im Volksmund wegen der Lindenbäume auch genannt.

Der Platz war und ist **Treffpunkt** und Begegnungsort der Haager *beau monde,* der **Künstler** und **Literaten**, des **Großbürgertums**, der **Banker, Politiker** und **Geschäftsleute.** Nur zwischen 1811 und 1813, zum Ende der französischen Besatzung, drohte der Lange Voorhout herunterzukommen. Er wurde in „Cour Napoleon" umbenannt und zweifelhafte Gestalten machten den Platz zu ihrem Refugium, was sich nach der Befreiung des Landes wieder änderte. Der alte Name wurde sofort wieder verwendet.

Man sagt heute, der Lange Voorhout *(hout* bedeutet „Wald" oder „Holz") sei der **schönste Platz der Niederlande.** War hier vor Jahren noch der schönste *Parkplatz* der Niederlande, so hat man inzwischen die Autos von diesem Kleinod weitgehend, aber noch nicht ganz, verbannt. Doch es wurde auch investiert: Der schöne Weg in der Mitte des Platzes ist heute vier Meter breiter und wurde – so wie es früher überall in Holland üblich war – mit einer Schicht **Muscheln** bedeckt. Man setzt seine Füße also nicht auf Kiesel, wenn man über den Lange Voorhout läuft, sondern auf kleine Muschelstücke. Ganz wichtig war dabei, die richtige Muschelart zu finden. Es sollten nicht die braun- sondern die grauschimmernden sein! Doch nicht nur die grauen Muscheln tragen ihren Teil dazu bei, den Lange Voorhout in seiner ganzen Pracht erstrahlen zu lassen, auch die stilvollen **Laternen** und die sogenannten **„Läusebänke"** helfen dabei. Der Name „Läusebänke" kommt daher, dass die Bänke an beiden Seiten Sitzflächen haben und die Passanten somit Rücken an Rücken und Kopf an Kopf

Mein Tipp

Kunst- und Antikmarkt

Antiquitäten und Den Haag – das gehört zusammen wie die Nordsee und Scheveningen. Das Highlight für Liebhaber von Antiquitäten aller Art ist aber der Markt für Kuriosa aus aller Herren Länder und verschiedenen Epochen auf dem Lange Voorhout (10). Von Anfang Mai bis Mitte September findet dieser Markt der Märkte donnerstags und sonntags von 9 bis 18 Uhr auf dem von Linden gesäumten Platz statt. Im Winter ist nur donnerstags Antiquitäten-Markttag. An vielen Stellen in der Stadt wie z. B. im Denneweg (12) oder in der noblen Straße Noordeinde [C7/C8] gibt es weitere Antiquariate, in denen man Stunden verbringen kann.

sitzen – Idealbedingungen für Läuse eben. So sitzen die Den Haager heute gemütlich Kopf an Kopf auf dem Lange Voorhout unter **prächtigen Linden.**

11 Hotel Des Indes ★★ [D8]

Die **gelbe Außenfassade** steht im Sommer im Kontrast zum satten Grün der Lindenbäume. Schon allein wegen seines Äußeren ist das Hotel Des Indes am Lange Voorhout daher nicht zu übersehen. Die Farbe verleiht dem ersten Haus am Platz etwas Mondänes, das sich im Inneren des zur Gruppe „Leading Hotels of the World" gehörenden Hauses fortsetzt.

Das Hotel Des Indes ist für Den Haag, was das Adlon für Berlin ist: *the place to be* – und das nicht erst seit heute, sondern bereits seit seiner Eröffnung durch Prinz Frederik van Oranje am 1. Mai 1881. Gebaut wurde das Haager **Nobelhotel** 1858 allerdings als standesgemäßer Wohnsitz für den steinreichen Baron van Brienen van de Groote Lindten en Dortsmunde, einen der engsten Berater von König Willem III.

Viele bekannte und gekrönte Häupter haben im Des Indes bereits genächtigt, rauschende Feste gefeiert, getanzt, getrunken, geflirtet und Geschäfte gemacht. Thomas Mann logierte hier ebenso wie Theodore

MEIN TIPP

Auf einen „borrel" in die Bodega De Posthoorn

Die Bodega de Posthoorn am Lange Voorhout 10 ist eine Den Haager Institution. Schon seit gut einem Jahrhundert existiert diese **legendäre Kneipe,** die erst auf der anderen Seite des wunderschönen Platzes untergebracht war, nach dem Zweiten Weltkrieg jedoch in das heutige Gebäude zog. Früher wurde das Gebäude als Pferdestall genutzt und vor der Tür befand sich die „Kutschhaltestelle" für Fahrten ins benachbarte Leiden.

Eine der prominentesten Nachbarinnen war Königin Wilhelmina (1880–1962), die damals im Palais am Lange Voorhout wohnte (das heute das Escher-Museum beherbergt, s. S. 51) und ab und zu mit ihrer Gefolgschaft auf einen „borrel" (einen Drink) in der Bodega vorbeischaute.

Wer nun allerdings ein schickes Restaurant erwartet, der sollte lieber ins benachbarte WOX (s. S. 58) gehen. Die Bodega hat sich ihren alten Charme bewahrt und zeigt sich vollkommen unprätentiös. Hier sind Ministerpräsident Mark Rutte und der Schwager von Ex-Königin Beatrix ebenso zu Gast wie der Schriftsteller Bart Chabot und der Regisseur Paul Verhoeven. Und dazwischen trifft man auf eine bunte Mischung von Studenten, Dozenten, Politikern, Intellektuellen, Senioren und Touristen, kurz: auf jeden, der Lust auf einen Kaffee, ein Glas Wein, einen Snack oder ein kühles Bier hat. Und das zu wirklich bezahlbaren Preisen. Übrigens: Neben den sogenannten „borrelhapje" (Käsewürfel oder Bitterballen) ist die Bodega für ihre sagenhaften Saté-Spieße und den Bodega-Burger bekannt.

Am schönsten ist es in der Bodega im Sommer, wenn unter schattenspendenden Linden auf dem Lange Voorhout 10 die Tische und Stühle aufgebaut sind. Oder im Winter, wenn an einem verregneten Sonntagnachmittag Musiker live die Klänge Südspaniens nach Den Haag bringen.

1 [D8] **Bodega De Posthoorn** €, Lange Voorhout 39A, Den Haag, www.bodegadeposthoorn.nl, Tel. 070 3604906, Di.–So. 10–22 Uhr

Roosevelt, Dwight D. Eisenhower, Haile Selassie, der Kaiser von Äthiopien, die Doppelspionin Mata Hari, die russische Startänzerin Anna Pavlova, Charles Lindbergh, Igor Strawinsky, Tony Blair, die Rolling Stones, Prince und die Spice Girls.

Das Hotel Des Indes ist die „Grande Dame" unter den Den Haager Tophotels. Aber Des Indes ist noch mehr, es ist eine Institution, die nicht nur vom Namen her an die **koloniale Vergangenheit der Niederlande** erinnert, als diese Indonesien noch als Kolonie besaßen. Es ist nach wie vor der Treffpunkt zum *high tea* am Sonntagnachmittag, bei dem sich die Den Haager High Society gern trifft, und *die* Adresse, um große Feste zu feiern. In der Hotelbar werden außerdem die besten Cocktails gemixt und die edelsten Weine ausgeschenkt. Empfehlenswert ist auch das Belle-Epoche-Restaurant.

› **Hotel Des Indes,** Lange Voorhout 54–56, Zentrum, www.hoteldesindes.nl, Tel. 070 3612345

⑫ Denneweg ★★ [D8]

Im Viertel zwischen Lange Voorhout ⑩, Denneweg, Fredrikstraat und Mallemolen reihen sich **modische Boutiquen, urige Kneipen, angesagte Restaurants, noble Weinläden** und **edle Antiquitätenläden** aneinander. Hier trifft man sich zum *borrel,* dem Drink nach Feierabend.

Am Wochenende tobt um den Denneweg das Nachtleben. In warmen Sommernächten gibt es kaum noch ein Durchkommen. Dennoch sollte man über den Denneweg schlendern, wenn man in Den Haag ist, denn hier trifft man interessante Leute und es entfaltet sich eine unvergleichliche Melange aus Kunst, Kultur und Kulinarischem. Am nördlichen Ende des Dennewegs kann man die Mauritskade – eine breite Verkehrsader – überqueren und dann weiter in die Frederikstraat, eigentlich die Fortsetzung des Dennewegs, und zu den Mallemolen gehen.

Richtig gemütlich wird es dann, wenn man am Ende der Frederikstraat nach rechts schwenkt, in den **Mallemolen** („die verrückten Mühlen"), eine der schönsten Ecken in Den Haag und eine kleine, aber feine Amüsierzone, in der sich die Stadt am ursprünglichsten erleben lässt.

142dh Abb.: hh

Wo Prinzen übernachten und Politiker dinieren – das Hotel Des Indes

Von Noordeinde zum Friedenspalast

Noordeinde mit dem gleichnamigen Paleis Noordeinde als Mittelpunkt ist wohl die nobelste Straße Den Haags. Man achte auf die Fahnenstange auf dem Dach des Palastes: Wenn dort die Oranje-Flagge weht, dann ist König Willem-Alexander im Lande.

⑬ Paleis Noordeinde (Königlicher Palast) ★★★ [C8]

Schloss Noordeinde ist der Arbeitsplatz des niederländischen Königs. Hier beginnt und endet jedes Jahr am Prinsjesdag (s. S. 91) die Fahrt der Königsfamilie mit der Gläsernen Kutsche zur Parlamentseröffnung im Binnenhof und hier finden auch die medienwirksamen Balkonszenen statt, bei denen König Willem-Alexander und Königin Máxima dem Volk zujubeln.

Immer wenn die Oranje-Flagge auf dem Königlichen Palast weht, wissen die Den Haager Bürger, dass Seine Majestät, König Willem-Alexander, an seinem Schreibisch sitzt, denn Schloss Noordeinde ist der **Arbeitspalast** des niederländischen Staatsoberhauptes. Hier empfängt der König Staatsgäste und beherbergt sie auch im Gästetrakt. Und von hier aus bricht er jeden dritten Dienstag im September mit seiner Kutsche auf, um das Parlament zu eröffnen (s. S. 15).

An der Rückseite wird der Palast in Richtung Prinsessewal von einem prächtigen Stadtpark, dem Paleis-

Das Paleis Noordeinde, der Arbeitspalast des Königs

tuin, umgeben, der teilweise für die Öffentlichkeit zugänglich ist. Daneben befinden sich die Koninklijke Stallen – das königliche Gestüt. Hier sind auch die Kutschen der Königsfamilie untergebracht.

An der Vorderseite des Schlosses bewacht das **Denkmal Willem van Oranjes**, eines Vorfahren von Willem-Alexander, den man den „Vater des Vaterlands" nennt, hoch zu Ross den Palast und die sich anschließende Nobelmeile Noordeinde. Hinter ihm befindet sich auch noch ein Denkmal für eine seiner Nachfolgerinnen, **Königin Wilhelmina.**

Palast Noordeinde hat eine lange und **bewegte Geschichte.** Das ursprüngliche Gebäude, von dem heute nicht mehr viel steht, wurde 1533 erbaut. Erst 1675 kam es in den Besitz des damaligen holländischen Statthalters Wilhelm III., der es 1702 an das Preußische Königshaus verkaufte. Friedrich der Große gab sie an Wilhelm IV. der Niederlande ab, wahrscheinlich mit hohem Gewinn.

Nach der Besatzung der Niederlande durch Napoleon (1795–1813), während der der Palast vom französischen Staat beschlagnahmt worden war, gelangte das Paleis Noordeinde wieder in den Besitz des Hauses Oranien-Nassau, das durch die französischen Besatzer von ehemaligen niederländischen Grafen und sogenannten „Statthaltern" in den königlichen Status erhoben worden war. König Willem I. der Niederlande nutzte Palais Noordeinde als „Winterpalais."

› **Paleis Noordeinde,** Noordeinde 68. Eine Besichtigung ist mit Ausnahme der Augustwochenenden mit streng limitierten Onlinetickets leider nicht möglich.

MEIN TIPP

Speisen in stilvoller Umgebung

Das gute Restaurant Sophia (s. S. 58) befindet sich im Boutiquehotel Carlton Ambassador. Laufend wechselnde Gerichte, gemütliche Wohnzimmeratmosphäre und eine traumhaft schöne Sommerterrasse kennzeichnen das beliebte Lokal.

14 Panorama Mesdag ★★★ [C7]

Man besucht ein Museum und steht plötzlich inmitten des größten Gemäldes der Niederlande. Inmitten? Genau, denn das Bild, auf dem der Künstler Hendrik Willem Mesdag den Strand von Scheveningen im Jahr 1880, die alten Fischerboote, das Meer und den Himmel festhielt, befindet sich rund um den Besucher herum. Das 14 m hohe und 120 m lange Bild ist das älteste Panorama der Welt, das sich noch an seinem ursprünglichen Ausstellungsort befindet.

Hendrik Willem Mesdag war bereits 35 Jahre alt und Familienvater, als er beschloss, Maler zu werden. Dazu ging er nach Brüssel und dort bei **Willem Roelofs** in Lehre. Im Jahr 1869 zog er dann mit seiner Familie nach Den Haag, wo er schnell ein gefeierter Maler und ein bedeutendes Mitglied der Kunstszene wurde. In dieser Zeit, Ende des 19. Jh., herrschte in Belgien eine wahre Panoramen-Manie. Durch die **Standardisierung der Panoramen** auf einen Durchmesser von 36 Meter konnten sie miteinander **ausgetauscht** werden. Sie wurden per Kutsche oder Güterzug durch ganz Europa transportiert und an immer wieder wechselnden Orten ausgestellt. So bekam auch der einfache Bürger einen Eindruck von der großen weiten Welt.

Hendrik Willem Mesdag erhielt von einer Gruppe Brüsseler Unternehmer den Auftrag, ein „maritimes Haager Panorama“ zu malen. Dazu trommelte er vier Maler und seine Frau Sientje zusammen, nahm einige seiner bereits fertiggestellten Studien von Strand und Meer – und schon nach vier Monaten war das **Panorama von Scheveningen** fertig! Gemalt wurde es von der höchsten Düne Den Haags, der Seinpostdüne, aus. Hier befindet sich heute ein Apartmenthaus. Von der Düne aus hatte Mesdag einen fantastischen Blick auf das Meer, die flachen Boote, die mit Pferden an den Strand gezogen wurden, das ehemalige Badehaus und das alte Dorf Scheveningen, in dem im Jahr 1880 nur 2000 Häuser standen. Ebenfalls auf dem Panorama abgebildet sind Mesdags Frau Sientje beim Malen, die erste Dampfstraßenbahn der Niederlande, Artillerietruppen beim Üben am Strand und in der Ferne die alte Stadt Den Haag mit ihren Kirchtürmen.

Die feierliche **Einweihung** des Panoramas erfolgte am 1. August 1881 in der Zeestraat, wo sich das Bild auch heute noch befindet. Leider ließ das öffentliche Interesse an Panoramen jedoch nach und nur vier Jahre nach der Eröffnung ging das Museum, in dem sich das Panorama Mesdag befindet, **in Konkurs.**

Dies ging dem Maler dermaßen ans Herz, dass er und seine Frau Sientje beschlossen, das Panorama selbst zu kaufen. Noch heute ist das Panorama Mesdag in **Familienbesitz** und wird nicht staatlich subventioniert. Heute lassen sich jährlich über 200.000 Besucher vom alten Scheveningen und dem Meer verzaubern, wie es Hendrik Willem Mesdag so eindrucksvoll festgehalten hat. Alle Einnahmen des Museums fließen in die Instandhaltung des Kunstwerkes. So wurde das Gemälde beispielsweise in den 1980er-Jahren komplett restauriert. Die 1680 m² große Leinwand musste durch eine weitere Leinwand an der Rückseite des Gemäldes verstärkt werden. Ein Vorhaben, das bis dahin noch nie so durchgeführt worden war!

Tipp: Wer an der Kasse Bescheid gibt, bekommt sieben Minuten lang in seiner Muttersprache per Audioguide alle wichtigen Informationen über das Panorama mitgeteilt – und zwar, während man im Panorama steht, sodass auch alle Details betrachtet werden können. Und wer heute auf die Seinpostdüne geht, kann noch die gleiche Aussicht genießen wie damals Mesdag.

Den Haag verdankt dem Ehepaar Mesdag ein weiteres Museum: De Mesdag Collectie (s. S. 50), wo ihre Kunstsammlung u. a. mit Werken der Haagse School präsentiert wird.

› **Panorama Mesdag,** Zeestraat 65, www.panorama-mesdag.nl (auch auf Deutsch), Di.–So. 10–17 Uhr, Eintritt: 16 €, Schüler und Studenten 12 €, Kinder bis 12 Jahre frei, mit Museumkaart (s. S. 106) frei, Bus 22, 24 und 28, Tram 1, Haltestelle Mauritskade/Panorama Mesdag

[>] *Der Bau des Friedenspalasts* 15 *wurde durch Spenden ermöglicht*

158dh Abb.: ug

⑮ Vredespaleis (Friedenspalast) ★★★ [C6]

Er ist monumental und einer der optischen Eichpunkte im Haager Stadtteil Archipel/Zeeheldenquartier – der Friedenspalast. Hier wird internationales Völkerrecht geschrieben und in Urteile gegossen.

Der Friedenspalast beherbergt den 1946 gegründeten **Internationalen Gerichtshof der UNO (IGH)**, die **Akademie für Internationales Recht** und eine der größten **Bibliotheken** der Welt **zum Thema Völkerrecht.** Der IGH wurde nach dem Ende des Zweiten Weltkriegs als Nachfolgeorganisation des Permanenten Hofes für Internationale Gerichtsbarkeit (1922–1946) des Völkerbundes, der Vorläuferorganisation der UNO, gegründet. Der Friedenspalast ist ein monumentales **Neorenaissancegebäude** im Den Haager Diplomatenviertel, dessen Errichtung durch eine großzügige Spende von 1,5 Mio. US-Dollar des amerikanischen Millionärs **Andrew Carnegie** im Jahr 1903 ermöglicht und das 1913 eröffnet wurde. Viele Länder der Welt beteiligten sich an dem Bau: Italien spendete Marmor, Deutschland Stahl, Japan Porzellan und die Schweiz Uhren.

› **Vredespaleis,** Carnegieplein 2, Tel. 070 3024242, www.vredespaleis.nl, Straßenbahn 1 und Bus 24, Haltestelle Vredespaleis. Der Friedenspalast kann nur an bestimmten Tagen nach vorheriger Anmeldung über die Website besichtigt werden, allerdings ist es nicht einfach, Tickets hierfür zu ergattern.

› Im frei zugänglichen **Besucherzentrum** wird ein Film über den Friedenspalast gezeigt. Öffnungszeiten: siehe www.vredespaleis.nl/visit.

Frieden, Recht und Sicherheit

Den Haag ist **Hauptstadt der internationalen Gerichtsbarkeit** und **Wiege des Völkerrechts** und spielte in der Entwicklung und Durchsetzung der **Menschenrechte** sowie des **internationalen Völkerrechts** schon immer eine wichtige Rolle. In der niederländischen Regierungsmetropole fanden 1893 und 1907 die ersten internationalen Friedenskonferenzen statt – damals auf Initiative des russischen Zaren Nikolaus II. Diese Friedenskonferenzen, die als die Wiege der UNO und des Völkerrechts gelten, führten damals zur Gründung des ersten internationalen Völkerrechtsorgans – dem **Internationalen Schiedsgericht.** Es arbeitet und residiert seither in Den Haag im Vredespaleis 15, dessen Grundstein im Jahr 1907 beim Abschluss der zweiten Den Haager Friedenskonferenz gelegt wurde.

Der Friedenspalast beherbergt heute z. B. außerdem den 1946 gegründeten **Internationalen Gerichtshof der UNO,** den IGH, der nach Ende des Zweiten Weltkrieges die Nachfolgeorganisation des Permanenten Hofes für Internationale Gerichtsbarkeit (1922–1946) des Völkerbundes (der Vorläuferorganisation der UNO) wurde. Heute ist der IGH so etwas wie das „oberste Weltgericht". Er ist allerdings nur für völkerrechtliche Konflikte zwischen Staaten zuständig (z. B. Streitfälle bezüglich der Grenze zwischen zwei Ländern), nicht für internationale Strafrechtsangelegenheiten gegen Einzelpersonen.

Über Letztere richtet der ebenfalls in Den Haag ansässige **Internationale Strafgerichtshof (IstGH)** – auf Englisch International Criminal Court (ICC) –, der am 17. Juli 1998 in Rom gegründet wurde und am 1. Juli 2002 seine Arbeit in Den Haag aufnahm. Vor dem Internationalen Strafgerichtshof landen Fälle wie Verbrechen gegen die Menschlichkeit, Kriegsvergehen und Völkermord.

Der erste Angeklagte war 2009 der Kongolese Thomas Lubanga, dem die Zwangsrekrutierung von Kindern vorgeworfen wurde. 2012 wurde der Kriegsverbrecher Lubanga zu einer Gefängnisstrafe von 14 Jahren verurteilt. Dem Internationalen Strafgerichtshof gehören heute 122 Staaten an. Die USA erkennen den IStGH allerdings nicht an, weil sie fürchten, dass sich dort dann eines Tages US-Soldaten verantworten müssten, falls ihnen Kriegsverbrechen vorgeworfen werden sollten. Chinesen und Russen denken ebenso und ignorieren den Den Haager Strafgerichtshof.

Zuletzt hat der ICC den russisschen Präsidenten Wladimir Putin wegen mutmaßlicher Kriegsverbrechen in der Ukraine angeklagt.

Ein dritter wichtiger internationaler und in Den Haag beheimateter Gerichtshof war der **Internationale Strafgerichtshof für das ehemalige Jugoslawien (ICTY).** Dieses durch die UN-Resolution 827 im Jahr 1993 ins Leben gerufene Sondergericht war allerdings nur für Kriegsverbrechen zuständig, die auf dem Territorium des ehemaligen Jugoslawien begangen worden sind. Bekannteste Angeklagte waren der „Schlächter von Srebrenica" **Ratko Mladić** und **Radovan Karadžić.** Karadžić, dem ehemaligen Präsidenten der Republik Srbska in Bosnien, wurden Völkermord und Kriegsverbrechen zur Last gelegt. Der einstige jugoslawische Staatspräsident **Slobodan Milošević,** ebenfalls angeklagt wegen Völkermordes und Kriegsverbrechen, verstarb am 11. März 2006 in Haft an Herzversagen. Das UN-Mandat des

ICTY lief im Jahr 2017 ab. Karadžić wurde im März 2016 wegen Völkermordes in Srebrenica und Sarajewo zu einer 40-jährigen Haftstrafe verurteilt.

Während der allerletzten Urteilsverkündung im UN-Jugoslawien-Tribunal am 29.11.2017 kam es zu einem dramatischen Zwischenfall. Der Angeklagte Slobodan Praljak (72), ein ehemaliger bosnisch-kroatischer General, beging Selbstmord vor laufenden Kameras. Er trank ein Gift, das er in einem Fläschchen in den Gerichtssaal geschmuggelt hatte. Praljak war in der Berufungsverhandlung des Tribunals zur Ahndung von Kriegsverbrechen in Ex-Jugoslawien erneut zu einer 20-jährigen Haftstrafe verurteilt worden.

Es sind aber nicht nur die großen internationalen Gerichtshöfe, die der Stadt Den Haag den Status einer Stätte von Recht und Gerechtigkeit geben und sie nach New York, Genf und Wien zum wichtigen UNO-Standort machen. Auch weitere einflussreiche internationale Organisationen haben sich innerhalb der Stadtgrenzen niedergelassen. So hat die europäische Polizeibehörde **Europol** ihren Hauptsitz in der Stadt. Ziel ist die grenzüberschreitende Zusammenarbeit bei Terrorismus, Drogen- und Menschenhandel sowie anderen schweren Straftaten. Unterstützt wird Europol durch die 2002 gegründete und ebenfalls in Den Haag beheimatete **Eurojust,** die grenzübergreifende Strafverfahren koordiniert.

Eine weitere wichtige internationale Organisation in Den Haag ist die **Chemiewaffen-Abrüstungskonferenz OPCW.** Seit 1997 beschäftigt sich die OPCW mit der weltweiten kontrollierten Vernichtung von chemischen Waffen. Im Jahr 2013 erhielt die OPCW für ihren Kampf gegen chemische Waffen den Friedensnobelpreis.

Ferner tagt seit 1982 in Den Haag das **Iran-United States Claims Tribunal,** das sich bis zum heutigen Tage mit dem noch immer schwelenden Konflikt zwischen den USA und der Islamischen Republik Iran infolge der Besetzung der US-Botschaft in Teheran im Jahr 1979 durch iranische Revolutionsgarden beschäftigt.

Wegen der vielen internationalen Gerichtshöfe in Den Haag verwundert es nicht, dass die Menschenrechtsorganisation Amnesty International (AI) in den Niederlanden viele Mitglieder zählt, die sich für Menschenrechtler einsetzen oder für die Wahrung der Menschenrechte auf die Straße gehen. Kritik daran, dass die Menschenrechte und deren universelle Gültigkeit bei vielen Niederländern noch zu wenig bekannt und im Bewusstsein zu wenig verankert sind, gibt es aber auch. „Die Geschichte der Menschenrechte wird an unseren Schulen noch viel zu wenig unterrichtet. In dieser Hinsicht haben die Niederlande noch einen Nachholbedarf“, meint Barbara Oomen, Professorin für Völkerrecht an der Roosevelt Academy im niederländischen Middelburg. Dabei haben die Niederländer die Völkerrechtsgeschichte der UNO in Den Haag zum Greifen nahe und sie selbst wesentlich mitgeprägt.

Die Haager Regierung und die Stadt Den Haag wollen, dass in Den Haag ein unabhängiges internationales **UN-Ukraine-Tribunal** errichtet wird, ähnlich wie einst das UN-Jugoslawien-Tribunal. Dieses Sondergericht soll alle Kriegsverbrechen, die im Ukraine-Krieg begangen wurden und noch werden, ahnden.

Das moderne Den Haag

Rund um den Zentralbahnhof [E9] befindet sich das moderne Den Haag. Wer mit dem Auto in die Stadt kommt, dem bietet sich bereits ein eindrucksvolles Bild: Die Stadtautobahn führt unter modernen Bürogebäuden hindurch und an interessanten Großbauten vorbei. Im Gegensatz zur deutschen Architektur ist die neue niederländische etwas „gewagter". Viele Häuser muten geradezu futuristisch an, die Dächer strecken sich in den fantasievollsten Formen Richtung Himmel und die Fassaden sind von exzentrischen Mustern unterbrochen. Und das Bauen geht weiter …

16 Nieuwe Stadhuis (Neues Rathaus) ★★ [C9]

Das Neue Rathaus am Kalvermarkt ist ein eindrucksvolles Bauwerk, das eigentlich aus zwei Bürogebäuden besteht, die einen Innenhof umrahmen. Verbunden sind die beiden Gebäude mit Brücken, von denen man einen spektakulären Blick auf das überdachte und sonnendurchflutete Atrium hat. Angrenzend an das Rathaus, in Richtung Spui 17, liegt die halbrunde Bibliothek, die mit ihren modernen Ohrensesseln zum Schmökern und Verweilen einlädt.

Der amerikanische **Stararchitekt Richard Meier**, der auch das Getty Center in Los Angeles, das Museo dell'Ara Pacis in Rom und das Museu d'Art Contemporani in Barcelona entwarf, erhielt 1986 den Auftrag für ein Gebäude, das sowohl Rathaus als auch Bibliothek sowie Büroräume unter einem Dach vereinen sollte. Er schuf ein 131.000 m² großes und 125 Mio. Euro teures Gebäude, das mit 12 Stockwerken in die Höhe ragt. Wegen der leuchtend weißen Fassade nennen die Den Haager ihr Rathaus auch „Ijspaleis", also **„Eispalast"**. Das Spektakulärste am Eispalast ist sein **Atrium**, das nicht nur das größte der Niederlande ist, sondern auch die Piazza San Marco in Venedig an Größe überbietet.

Im Atrium finden wechselnde **Ausstellungen** statt, außerdem befinden sich dort die klassischen **Schalter**, die sich meist durch lange Reihen wartender Menschen auszeichnen. Und wie das in Rathäusern so üblich ist, gibt es auch im Neuen Rathaus einen **Hochzeitssaal**, wobei die Den Haager fürs Heiraten eher das alte Rathaus mit seinem wunderschönen Trausaal bevorzugen. Für Besucher ist das Neue Rathaus frei zugänglich.

› **Nieuwe Stadhuis**, Spui 70, Mo.–Mi., Fr. 8.30–16.30, Do. 8.30–20 Uhr

17 Spui ★ [C9]

Der Spui – ein Platz mitten in der Stadt – ist der Treffpunkt der Kulturinteressierten. Hier haben sich – neben dem Stadhuis das **Kultur-Filmhaus** und ein großes **Filmtheater** niedergelassen.

Ebenfalls dort steht das **Kulturzentrum Amare**, in dem Residentie Orkest, Nederlands Danstheater und das Koninklijk Conservatorium ein neues Zuhause gefunden haben. Das größte Kulturgebäude der Niederlande bietet mehrere Konzert- und Theatersäle, Übungsräume für Musiker und Tänzer und zwei Bistros. Interessant sind auch die Architektur und die großzügige Inneneinrichtung. Bemerkenswertes Detail: In die Fassade wurden 50 Nistkästen für Vögel und 20 Fledermausverstecke integriert.

081dh Abb.: ug

18 Viertel Resident – die Haager Skyline ★★ [D9]

Im Zentrum von Den Haag, zwischen Rathaus und Zentralbahnhof, liegt das moderne Viertel Resident, dessen Silhouette schon von Weitem erkennbar ist. Die Dächer der Hochhäuser drängen sich mal spitz, mal schräg und mal flach dem Himmel entgegen. Federführend für die Planung des Viertels war der Luxemburger Rob Krier, der seinen Plan mit neun international bekannten Architekten umsetzte.

Diese äußerst interessanten und architektonisch einzigartigen Hochhäuser im Herzen der Stadt beherbergen unter anderem Ministerien und Büros. So ist das Gesundheitsministerium in den zwei spitz zulaufenden Türmen der **Castalia** (Parnassusplein 5) untergebracht, einem Werk des amerikanischen Architekten Michael Graves, der damit ein altes, langweiliges Bürogebäude zu einem wahren Blickfang umbaute. Im Aussehen erinnert die Castalia an die historischen, niederländischen Lagerhäuser mit ihrer Backsteinfassade und den hohen Giebeln. Damit der Blick auf die Spitzdächer der Castalia nicht gestört wurde, durften die drei kastenförmigen Bauten des Helicon, in der die pädagogische Fachhochschule untergebracht ist, nicht allzu sehr in die Höhe ragen.

Daneben schuf der argentinische Architekt Cesar Pelli für die Versicherungsgesellschaft Zurich den **Zurichtoren** (Muzenstraat 31), also den Zurichturm, ein sechseckiges Bürogebäude mit einem runden Kupfer-

⌃ *Das ganz in Weiß gehaltene Neue Rathaus 16 trägt den Beinamen „Eispalast“*

dach. Auch Pelli nahm sich die niederländische Geschichte zum Vorbild: Das Dach soll an alte Bauernhäuser erinnern, deren Strohdächer schwer auf den Häusern lasteten und – so wie das Kuppeldach vom Zurichtoren – leicht über die Gebäudewände herausragten. Viele Den Haager sind jedoch der Meinung, der Zurichtoren würde sie statt an ein altes Bauernhaus eher an eine überdimensionale Zitronenpresse erinnern.

Nicht weit von Castalia und Zurichtoren entfernt steht mit seiner kupfernen Haube das im Grundriss ovale Hochhaus **Muzentoren** (Wijnhaven 24), an das sich der idyllische Platz Muzenplein anschließt.

Die höchsten Gebäude von Den Haag sind die drei 146 m hohen Türme mit Namen **JuBi-torens**, in denen verschiedene Ministerien untergebracht sind, darunter das Justiz- und das Innenministerium („Bi" steht für „binnen" – innen). Der 142 m hohe und 30 Stockwerke umfassende **Hoftoren** (Rijnstraat 50), ein Bürogebäude vom Architektenbüro Kohn Pedersen Fox, erstreckt sich wie ein spitz zulaufender Pfeil in den Himmel. Aufgrund seiner Form wird er von den Den Haagern auch „Vulpen" genannt, also „Füller". Ein passender Name für ein Hochaus, in dem sich das Ministerium für Bildung, Kultur und Wissenschaft befindet.

Alle Hochhäuser zusammen werden als „Herz der fünf Milliarden" bezeichnet, was eine Anspielung auf die enormen Bausummen sein soll. Doch die Ausgaben haben auch noch eine andere Art von Titel mit sich gebracht: Das 131 m hohe **Strijkijzer** („Bügeleisen", Rijswijkseplein) in der Nähe des Bahnhofs Hollands Spoor wurde 2008 zum schönsten Wolkenkratzer der Welt gekürt. Prämiert wurde das Strijkijzer nicht nur wegen seiner gelungenen Architektur, sondern auch aufgrund seiner Funktionalität, denn das Hochhaus beherbergt 300 Studentenwohnungen sowie in einer Höhe von 135 Metern das höchste Restaurant der Niederlande.

Im Jahr 2021 kamen **Grotius I und II** hinzu, zwei 120 m hohe Wohntürme, entworfen von dem niederländischen Architekturbüro MVRDV. Weitere, bis zu 240 m hohe Wolkenkratzer sind in Planung.

Spitznamen für spitze Hochhäuser

Sie heißen „Eispalast", „Zitronenpresse", „Füller", „Weiße Anna", „Bügeleisen", „Stimmgabel" und „Titten von Den Haag" – gemeint sind die Hochhäuser, die sich mitten in der Stadt aus der sonst so beschaulichen Häuserkulisse hervorstrecken. Und vor allem die „Titten von Den Haag" sind besonders schön, denn sie ragen tatsächlich aufmüpfig spitz aus dem sonst üblichen Flachdacheinerlei hervor. Aber nicht nur die Form der beiden nebeneinanderstehenden Hochhäuser ist für ihren markanten Namen verantwortlich. In den „Titten" residierte nämlich von 1994 bis 2002 die Gesundheitsministerin – und deren Name war Els Borst („Brust").

Dass die Den Haager ihren architektonischen Meisterleistungen diese Spitznamen gegeben haben, führt übrigens dazu, dass die meisten von ihnen nicht mehr wissen, wie die sogenannten „Toren", die Hochhäuser, tatsächlich heißen.

Entdeckungen außerhalb des Zentrums: Scheveningen und der Strand

Im Sommer spielt sich das Haager Leben meist außerhalb der Stadt am Strand von Scheveningen ab, der dann bei gutem Wetter und insbesondere an Wochenenden hoffnungslos überfüllt ist – meist allerdings nicht von Den Haagern, sondern von den vielen Touristen aus dem In- und Ausland. Das einstige Fischerdorf hat sich zu einem beliebten Badeort entwickelt. Es teilt sich in zwei Hauptgebiete auf: Scheveningen Bad rund um das Kurhaus und Scheveningen Hafen in südlicher Richtung.

Wie das alte Dorf mit seinen Fischerbooten, kleinen Häusern und dem unberührten Strand früher einmal aussah, zeigt eindrucksvoll das Panorama Mesdag (14) – ein 360°-Panoramabild aus dem Jahr 1880. Erst im 19. Jahrhundert entwickelte sich Scheveningen zu einem **mondänen Kurort** für die niederländische und europäische High Society. Das Kurhaus (20) trug zum guten Ruf von Scheveningen bei, denn es beherbergte japanische Kaiser, europäische Minister, Prinzen und allerlei Prominenz. Mit einer eigens angelegten Zugverbindung wurde der Ort mit dem Rest der Welt verbunden. Doch den elitären Charakter hat Scheveningen längst verloren und der Zweite Weltkrieg hat viele der schönen alten Gebäude zerstört. Heute zieht der **Badeort** zwar noch immer zahlreiche Touristen an, aber die Hotels liegen inzwischen in allen Preisklassen und neben dem Sternerestaurant gibt es auch einen McDonald's und eine Pommesbude. Vor allem an warmen Sommertagen scheint sich halb Holland am Boulevard von Scheveningen zu amüsieren. Erst verbringt man den Tag am und im Wasser, um später am Abend in einem der vielen **Strandrestaurants** den Sonnenuntergang zu feiern. Einen ganz besonderen Charme hat der Ort außerhalb der Hauptsaison – vor allem in den Win-

Drachenfestival am Strand von Scheveningen (s. S. 91)

083dh Abb.: ug

termonaten, denn dann sind all die Holzhütten der Restaurants und Bars am Strand abgebaut, damit sie nicht vom Sturm beschädigt werden. Vor allem der Strand südlich des Hafens ist dann wieder recht naturbelassen und unbevölkert.

In den letzten Jahren hat der **Boulevard** ein neues Gesicht bekommen. Vor allem der **nördlich vom Pier** gelegene Abschnitt ist komplett erneuert worden.

19 Beelden aan Zee ★★ [E1]

Der niederländische Architekt Wim Quist hat am Strand von Scheveningen etwas Einmaliges geschaffen: Das Museum liegt in einer Düne versteckt, es wirkt wie eingegraben und ist dennoch lichtdurchflutet. Aus den Fenstern, von den Terrassen und Patios aus blickt man auf Sand und Strandhafer, auf Himmel und Meer. Das turbulente Strandleben scheint weit weg zu sein und die Ruhe ist perfekt – ideal, um sich auf die Spuren großer Bildhauer zu begeben.

Beelden aan Zee, das heißt nicht etwa „Bilder am See“, sondern „Skulpturen am Meer“. Und tatsächlich dreht sich in diesem Museum alles um die **Bildhauerei.** In den drei großen Räumen werden **wechselnde Ausstellungen** internationaler Künstler gezeigt. Ständig zu besichtigen sind dagegen die **Porträts der königlichen Familie** (Werke des niederländischen Bildhauers Arthur Spronken aus dem Jahr 1995) und die **Porträtgalerie niederländischer Berühmtheiten,** in der die künstlerischen Köpfe von Königin Máxima, Johan Cruijff und Wim Duisenberg zu bewundern sind. All diese bronzenen und vergoldeten, in sich gekehrten und expressiven, dünnen und fülligen Menschenabbilder stehen in einem wunderbaren Kontrast zu dem gelungenen **Museumsbau** aus Beton, Granit, Buchenholz und Kiefer.

Das 1994 von dem Sammlerehepaar Theo und Lida Scholten gegründete Museum umfasst annähernd 1000 Figuren, u.a. von Stephan Balkenhol, Fernando Botero und Igor Mitoraj. Auch vor dem Museum stehen Bronzefiguren, die den ganzen Tag lang und völlig kostenlos besichtigt werden können: die sogenannten „SprookjesBeelden aan Zee“, die Märchenfiguren des amerikanischen Bildhauers Tom Otterness, deren größte ganze 13 m hoch ist. Übrigens ist die Organisation des Museums einzigartig in den Niederlanden: Mehr als 150 Freiwillige kümmern sich um den Betrieb des Museums, der Cafeteria und des Skulptureninstituts, in dem man die großen Bildhauer studieren kann (Infos im Internet unter www.sculptuurinstituut.nl).

› **Beelden aan Zee,** Harteveltstraat 1, Scheveningen, www.beeldenaanzee.nl, Di.–So. 10–17 Uhr, Eintritt: 17,50 €, Kinder (13–18 Jahre) 8,75 €, unter 13 Jahren frei, Straßenbahn 9 und Bus 22, Haltestelle Beelden aan Zee

20 Kurhaus ★★★ [F1]

Direkt am Strand liegt das Kurhaus, eines der prächtigsten Gebäude Scheveningens. Majestätisch erhebt sich das 5-Sterne-Hotel über dem Boulevard und prachtvoll ist auch der große Kursaal mit seinen Deckengemälden, gigantischen Kristalllüstern und der großen Kuppel.

Einst war das Kurhaus ein **hölzernes Badehaus,** in dem sich die feinen Damen umziehen konnten, bevor sie mit der Kutsche zum Baden ans Wasser gebracht wurden. Nach einem

062dh Abb.: ug

Brand wurde das Kurhaus innerhalb eines Jahres wieder aufgebaut, diesmal mit Inhalatorium und Badewannen. Seit 1885 wird das Gebäude als **Hotel** genutzt und beherbergt seitdem Staatsgäste, Königsfamilien und andere Prominente. Edith Piaf, Marlene Dietrich, Maria Callas, Herbert von Karajan und Miles Davis zählten zu den illustren Gästen, die auch im Kurhaus auftraten. Legendär war das erste Rolling-Stones-Konzert in Kontinentaleuropa, das wohl auch ihr kürzestes war. Die holländischen Fans waren vor Begeisterung derart aus dem Häuschen, dass die Polizei das Konzert vorzeitig abbrechen musste.

Auf die **reiche kulturelle Vergangenheit** des Kurhauses ist man noch heute stolz und regelmäßig finden hier Tanzaufführungen und kleinere Konzerte statt. Dies ist auch eine gute Gelegenheit, um die Atmosphäre des Kurhauses zu genießen, ohne gleich eine Nacht dort zu verbringen. Bei einem Glas Wein an der Bar, einem Abendessen im Kursaal-Restaurant oder bei einem köstlichen Stück Kuchen auf der Terrasse fühlt man sich einfach fürstlich.

› **Grand Hotel Amrâth Kurhaus,** Gevers Deynootplein 30, Scheveningen, Tel. 070 4162636, www.kurhaus.nl, Straßenbahn 1 und 9 sowie Bus 21, 22 und 23, Haltestelle Kurhaus

21 Pier ★ [G1]

Der Pier liegt vor dem Kurhaus 20 und erstreckt sich 380 m ins Meer hinein. Er wurde **um 1900 erbaut** und führte von der Terrasse des Kurhaus-Hotels zu einer achteckigen Plattform im Meer, auf der bis zu 1200 Menschen Platz fanden und Musikaufführungen stattfanden. Im **Zweiten**

Im Grand Hotel Amrâth Kurhaus nächtigen gern prominente Gäste

Weltkrieg nutzten deutsche Soldaten diese Plattform als Lager und unterbrachen den Zugang, indem sie die Pfähle der Seebrücke absägten. Weil aber Scheveningen ohne Pier nicht Scheveningen war, baute man den Pier nach dem Krieg wieder auf.

Im Jahr 1961 wurde der neue Pier feierlich von Prinz Bernhard **wiedereröffnet.** Eine Zeitlang war die Seebrücke – neben dem Kurhaus – *das* Wahrzeichen von Scheveningen. Dreißig Jahre später allerdings wurde sie für den symbolischen Wert von einem Gulden an die Hotelkette Van der Valk verkauft, die ein Restaurant auf der Plattform betrieb.

Heute ist der Pier ein beliebter Anlaufpunkt für alle, die vom Oberdeck einen **fantastischen Blick auf das Meer** genießen möchten, Lust auf ein Bier und einen Burger haben, im Pier-Shop Souvenirs kaufen wollen oder einen Bungee-Sprung wagen möchten. Außerdem gibt es ein **Riesenrad** und eine **Seilbahn.** Der Pier hat sich mit seinem angesagten Gastronomie-Konzept glücklicherweise wieder zu einem Treffpunkt für alle Scheveningen-Besucher entwickelt.

› www.pier.nl

22 Nationalmonument Oranjehotel ★★ [G3]

Beim Oranjehotel handelt es sich mitnichten um ein Hotel, sondern vielmehr um ein **Gefängnis,** genauer gesagt um den Zellentrakt des Polizeigefängnisses Scheveningen, den die deutschen Besatzer während des Zweiten Weltkriegs als Haftanstalt für **Angehörige des Widerstands,** aber auch für **Kommunisten** und **Juden** in Gebrauch nahmen. Zwischen 1940 und 1945 saßen hier 25.000 Menschen ein. Der Name Oranjehotel entstand als ironische Anspielung auf das in Scheveningen damals tatsächlich existierende Hotel d'Orange. Doch im Oranjehotel residierten die „Gäste" unfreiwillig, weil sie sich für ihr Vaterland (das Haus Oranien) einsetzten.

Der Grund für die Erhaltung des historischen Zellentrakts war die **Zelle 601, die Todeszelle.** Im Jahr 1946 beschloss das **Comité Oranjehotel,** das von ehemaligen Gefangenen gegründet wurde, eine der Todeszellen in Gang D zur Gedenkstätte zu erklären. Diese Todeszelle ist noch heute im Originalzustand zu sehen. Die anderen Zellen waren noch bis 2010 als Gefängniszellen in Gebrauch. 2019 wurde das Museum Nationalmonument Oranjehotel eröffnet. Es befindet sich auf dem Gelände des **noch heute genutzten UN-Gefängnisses,** in dem die vom Internationalen Strafgerichtshof Angeklagten auf ihr Urteil warten.

Neben der Todeszelle und einigen weiteren Zellen gibt es im Oranjehotel eine interessante und bewegende **Ausstellung** über das Leben im Gefängnis zu sehen, die von Berichten und Briefen von ehemaligen Inhaftierten begleitet wird. Überlebende berichten über Angst, Hoffnung, Glaube und Vaterlandsliebe. Ihre Geschichten verdeutlichen, wie wertvoll die Freiheit ist und welche Entscheidungen Menschen treffen können, wenn Gesetzlosigkeit, Unterdrückung und Verfolgung die Oberhand gewinnen.

› Van Alkemadelaan 1258 / Ecke Stevinstraat, www.oranjehotel.org, Di.–So. 11–17 Uhr, 12,50 €, Jugendliche (8–24 Jahre) 7 €, mit Museumkaart (s. S. 106) frei, von der Straßenbahnhaltestelle der Linie 9 (Nieuwe Duinweg) noch rund 10 Gehminuten bis zum Museum

23 Dünengebiet Meijendel ★★★ [S. 138]

Wer eimmal raus will aus dem Großstadttrubel, der ist im Dünengebiet Meijendel an der richtigen Stelle: Natur pur und Dünen, soweit das Auge reicht. Eine tolle Gegend zum Wandern oder für Fahrradtouren.

An Scheveningen grenzt in nördlicher Richtung das Gebiet Meijendel, das über Wassenaar bis Katwijk führt. Dieses Dünengebiet zählt zu den bedeutendsten Küstenabschnitten der Niederlande und besteht größtenteils aus Sanddünen mit Sträuchern und Büschen, aber auch aus lichten Wäldern. Für die Den Haager sind die Dünen ein wichtiges Naherholungsgebiet. Während hier früher Grafen und Fürsten zur Jagd aufbrachen, sind es heute Wanderer und Radfahrer, die unterwegs sind. Wer die Augen offen hält, wird außerdem so manchen Hasen und Fuchs entdecken und auch über 250 Vogelarten haben sich hier niedergelassen. Doch das Dünengebiet hat noch weitere wichtige Funktionen: Es dient zum **Küstenschutz** und zur **Trinkwassergewinnung und wurde** deshalb **vor einer Bebauung „gerettet“**. Statt Hochhäusern ragen nun zwei markante, monumentale Wassertürme aus den Dünen hervor.

MEIN TIPP

Museumsknüller in Wassenaar

An diesem Museum ist alles faszinierend: Die Lage inmitten eines Parks, die Kombination aus herrschaftlicher Villa (dort ist das Restaurant untergebracht) und ultramodernem Museumsgebäude (mit Flachdach und riesigen Fenstern) sowie die Kunstwerke, die aus Wechselausstellungen moderner und zeitgenössischer Künstler und einer Dauerausstellung bestehen. Zu den Highlights der permanent zu sehenden Werke gehören das überdimensionale „Couple under an Umbrella“ von Ron Mueck, die riesige, begehbare Skulptur „Open Ended“ von Richard Serra, der nach oben offene Raum namens „Skyspace“ von James Turrell und der Swimmingpool von Leandro Erlich, dessen Becken man (trockenen Fußes) betreten kann.

M3 **Museum Voorlinden,** Buurtweg 90, Wassenaar, Bus 43 und 44 vom Den Haager Hauptbahnhof bis Haltestelle Wittenburgerweg, dann noch 15 Minuten zu Fuß, www.voorlinden.nl, tgl. 11–17 Uhr, Eintritt: 19,50 €, Kinder 13–18 Jahre 8,50 €

141dh Abb.: Museum Voorlinden©A. van Kaam

Vor allem das Gebiet rund um die **Boerderij Meijendel** (das Gut des Naturschutz- und Dünengebietes Meijendel) erfreut sich großer Beliebtheit. Hier verbrachte Vincent van Gogh 1882 und 1883 zwei ruhige Jahre, während inzwischen pro Jahr rund eine Million Besucher durch die Dünen wandern. Ziel der meisten ist die Boerderij Meijendel, wo man in einem Biergarten gemütlich Pfannkuchen und Erbsensuppe essen kann. Auch die Kinder kommen voll auf ihre Kosten: Im Pferdestall können sie Ponys streicheln, sich auf dem Spielplatz austoben oder im Besucherzentrum interessante Informationen über das Dünengebiet erhalten

› **Dünengebiet Meijendel,** Zugang Pompstationsweg, Bus 22, Haltestelle Pompstationsweg
› **Boerderij Meijendel,** Meijendelseweg 36, Wassenaar, Tel. 070 5179601, www.meyendel.nl, im Sommer tgl. 9–19 Uhr, im Winter unter der Woche nur bis 18 Uhr, Bus 43 Richtung Leiden, Haltestelle De Kieviet, danach 30 Minuten Laufzeit zum Gut (von der Bushaltestelle rechts den Wilhelminaplein überqueren, der Wilhelminalaan folgen, die später erst in die Berkenlaan, dann in den Meijendelseweg übergeht
› **Bezoekerscentrum (Besucherzentrum) Meijendel,** Meijendelseweg 40, Wassenaar, Tel. 088 3474849, Di.–So. 10–17 Uhr

24 Hafen ★★★ [B2]

Der Hafen von Scheveningen ist klein und gemütlich – kein Vergleich mit dem Riesenbruder in Rotterdam – und hat ein ganz besonderes Flair. Hier gibt es tatsächlich noch die alten Kutter mit Fischern, die den Fang ausladen und abends ihre Netze flicken.

Neben dem Fischereihafen liegt der exklusive Jachthafen mit seinen

Scheveningen feiert den Hering

Wer mehr über Scheveningen wissen möchte, der sollte am **Vlaggetjesdag** (Mitte Juni) in den Küstenort kommen, denn rund um den Hafen wird dann der **neue Hering** gefeiert. Alles beginnt damit, dass sich die „High Society" und die Politprominenz von Den Haag ein paar Tage vor dem offiziellen Vlaggetjesdag am Hafen versammeln, wo man sie in einer äußerst seltsamen Haltung bewundern kann: Kopf nach hinten, Mund geöffnet und einen Hering essend! So wird er getestet, der neue Hering: Ist er weich genug, zart und mit der richtigen Würze?

Nachdem die Politiker den Hering prüfen durften und ein Fass mit dem wertvollen jungen Fisch zu einem guten Zweck **versteigert** wurde, trifft am Vlaggetjesdag der Rest von Den Haag und Scheveningen am Hafen ein. Dann lebt der Charme der guten alten Zeit wieder auf: Man sieht Frauen in alten **Trachten,** der **Shanty-** und der **Piratenchor** treten auf und die **Fischerboote** tuckern voll besetzt und unter großem Applaus durch den Hafen. Es wird **altes Handwerk** gezeigt und erklärt und man erfährt, was die holländischen Kinder früher und teilweise auch heute noch spielen: „knikkeren" (Murmelspiel), Seilspringen und Stelzenlaufen. Das Smartphone kann also ruhig zu Hause bleiben. Als Besucher hat man die Möglichkeit, eine Runde auf einem Schiff mitzufahren oder eben einen neuen Hering zu probieren!

stolzen Motorjachten und den windschnittigen Segelbooten. Rundherum haben sich Restaurants angesiedelt, von deren Terrassen man einen schönen Blick auf Hafen und Boote hat.

Doch man hat große Pläne für den beschaulichen Hafen: Die Rede ist vom Ausbau zu einer „Perle am Meer", einem **Freizeit- und Feriengebiet** mit Hafenerlebniszentrum. Ein erster Schritt wurde bereits gemacht: Mit dem Inntel Hotel Den Haag Marina Beach entstand ein etwas futuristisch anmutendes, zwölfstöckiges Viersternehotel direkt am Strand und an der Hafeneinfahrt.

› **Hafen von Scheveningen,** Dr. Lelykade, Scheveningen, www.scheveningen-haven.nl, Straßenbahn 11 und Bus 22, Haltestelle Duinstraat

25 Statenkwartier ★★ [B4]

Eines der schönsten Viertel Den Haags ist das Statenkwartier. Es ist fast vollständig in der Architektur des frühen 19. Jahrhunderts erhalten. Die stolzen Herrenhäuser übertrumpfen sich gegenseitig mit Giebeln, Erkern, Türmchen und Balkonen. Jedes Haus ist anders – und alle zusammen ergeben eine schöne Kulisse für einen Bummel durch die Straßen.

Als die Haager Stadtväter um 1900 beschlossen, den Architekten Lindo mit dem Bau des Statenkwartiers zu beauftragen, hatten sie eine **luxuriöse Wohngegend** vor Augen, die zwischen der Innenstadt und dem damals aufstrebenden Badeort Scheveningen liegen sollte. Eine **Pferdestraßenbahn** sorgte für eine schnelle Anbindung ans Zentrum, viele **Parks** für eine grüne Umgebung.

Hauptstraße des Statenkwartiers war und ist noch heute die Frederik Hendriklaan mit ihren einladenden Cafés und Geschäften. Große Warenhäuser fehlen, dafür gibt es kleine, gemütliche Läden mit einem großen Angebot an Käse, Kaffee, Tee, Büchern, Obst, Kleidung, Computern und Bürobedarf und auch einen Ökoladen – einfach alles, was man zum täglichen Leben braucht. Die Geschäfte richten sich allerdings an ein eher betuchtes Publikum, denn im Statenkwartier haben sich **Diplomaten, Politiker** und **Mitarbeiter der internationalen Organisationen** und Unternehmen niedergelassen. Ein Vorteil: In den Geschäften kann man sich deshalb oft auf Deutsch, immer aber auf Englisch verständigen und es gibt hier deutsche Zeitungen und Zeitschriften zu kaufen.

Besonders schön ist es am grünen **Frederik Hedrikplein,** der mit seinem kleinen Spielplatz und einem Café mit großer Terrasse vor allem an warmen Sommertagen recht bevölkert ist. Gleich um die Ecke liegen das **Kunstmuseum** 26, das **KM21** (s. S. 52), das **Fotomuseum** (s. S. 52) und das Kindermuseum **Museon-Omniversum** (s. S. 112).

26 Kunstmuseum ★★★ [B4]

Schon das Gebäude ist ein Kunstwerk: Das Museum wurde von dem Architekten H. P. Berlage erbaut und gilt als Höhepunkt der modernen Architektur der 1930er-Jahre. Zwischen zwei Wasserbecken führt ein Gang zum Museum, das die größte Mondrian-Sammlung der Welt beherbergt. Von dem bekanntesten niederländischen Maler des 20. Jh. (1872–1944) sind eine Reihe von Werken ständig ausgestellt, u. a. „Molen bij zonlicht" und sein letztes Werk „Victory Boogie Woogie", vor dem sich so-

MEIN TIPP

Eine versteckte Idylle

Hinter dem Kunstmuseum liegt eine **schöne Rasenfläche**, die von Bänken gesäumt ist. Sie ist nur durch das Museon (s. S. 112), über das **KM21** (s. S. 52) oder über einen kleinen Weg hinter dem Omniversum (s. S. 112) erreichbar, was bedeutet, dass es hier sehr ruhig und beschaulich zugeht. **Kleine Kunstwerke** schmücken die Grünfläche und im Hintergrund erhebt sich das Kunstmuseum – die ideale Kulisse für eine mitgebrachte Brotzeit. Wer sich dagegen einen Kaffee und ein hervorragendes Essen gönnen möchte, der sollte dies in der kleinen, schönen **Gastrobar Berlage** (s. S. 61) mit der davor liegenden Terrasse genießen.

gar schon der ehemalige amerikanische Präsident Barack Obama fotografieren ließ.

Neben Mondrian werden auch Bilder von Picasso, Egon Schiele, Monet und Kandinsky sowie Werke der *Haagse School* präsentiert, z. B. Israëls, Mesdag, Maris und Mauve. Auch eine weltberühmte **Modekollektion** (u. a. mit einem Entwurf von Issey Miyake) ist im Kunstmuseum untergebracht, genau wie eine **Sammlung von Kunstgegenständen:** Delfter Fayencen, Haager Silber, Glas, Keramik und Möbel. Sehenswert sind auch die fünf alten sowie das neue Stilzimmer, wie das japanische und das Zimmer aus der Zeit von Ludwig XVI. Die sogenannten *Wonderkamers* richten sich an junge Leute und stellen verschiedene Themen wie Musik, Mode und Kunst vor. Das Kunstmuseum macht außerdem immer wieder durch wechselnde Sonderausstellungen von sich reden.

› **Kunstmuseum Den Haag,** Stadhouderslaan 41, Scheveningen, Di.–So. 10–17 Uhr, www.kunstmuseum.nl, Eintritt: 19 €, 19–25 Jahre 8 €, Kinder und Jugendliche bis 18 Jahre frei, mit Museumkaart (s. S. 106) frei, Straßenbahn 17 und Bus 24, Haltestelle Kunstmuseum/Museon

Eine berühmte Gemäldesammlung im sehenswerten Gebäude: das Kunstmuseum 26

172dh Abb.: ug

071dh Abb.: md

27 Madurodam ★★★ [E5]

„Die kleinste Stadt der Niederlande“ lässt nicht nur Kinderherzen höherschlagen. Auf einer Fläche von 18.000 m² kann der Besucher alles bestaunen, was Holland so liebens- und sehenswert macht.

Windmühlen, Grachtenhäuser, prachtvolle Schlösser und Kirchen, moderne Architektur und Leuchttürme – das alles gibt es hier in Klein, genauer gesagt in einem **Maßstab von 1:25.** Selbst viele Den Haager Sehenswürdigkeiten wie der Friedenspalast 15, der Binnenhof 1, das Mauritshuis 2 und der Königliche Palast 13 sind detailgetreu nachgebaut. In Madurodam „leben“ 65.000 Minimenschen, es fahren 4450 Autos und Laster und 10 Züge, drei Straßenbahnen, 40 Schiffe und 8 Flugzeuge fahren herum. Ganze 5500 Bäume im Kleinformat und 55.000 Blumen machen Madurodam zu einer grünen Stadt. Aber auch „echte“ Menschen haben hier verantwor-

In Madurodam fühlt man sich wie Gulliver in Holland

KURZ & KNAPP

Eine kleine Stadt für einen guten Zweck

Madurodam wurde im Jahr 1952 vom Ehepaar Maduro gegründet – zum Andenken an ihren Sohn George, der 1945 als Gefangener im Konzentrationslager Dachau an Typhus starb. Die Idee für die Miniaturstadt kam von Frau Boon-van der Starp. Sie war auf der Suche nach Sponsoren für ihre Stiftung, die tuberkulosekranke Studenten finanziell unterstützen sollte. Man beschloss, sich zusammenzutun, und gründete die Miniaturstadt Madurodam. Noch heute fließt ein Teil des Eintritts in die Stiftung, die heute – nachdem es in Holland keine tuberkolosekranken Studenten mehr gibt – Sozial- und Kultureinrichtungen für gesunde und behinderte Jugendliche finanziert.

tungsvolle Posten: Es gibt einen Jugendgemeinderat, der alle zwei Jahre einen **Bürgermeister** wählt. Übrigens: Auch Prinzessin Beatrix war während ihrer Jugend Bürgermeisterin von Madurodam.

Durch „Klein-Holland" führen **Spazierwege** vorbei am Rotterdamer Hafen, dem Flughafen Schiphol und dem Sturmflutwehr von Hoek van Holland. Doch damit nicht genug, denn überall in dieser Miniaturwelt bewegt sich etwas: Züge und Autos fahren an einem vorbei, Flugzeuge rollen auf das Flugfeld, die Sturmflutwehre schließen sich und die Schiffe gleiten durch den Hafen. Nebenbei bricht ein Feuer auf einem der Schiffe aus, das sofort gelöscht werden muss! Wer will, kann ein Flugzeug steigen lassen und im Mini-Hafen Container entladen.

Rund 35 Personen sind ständig damit beschäftigt, bestehende Modelle auszubessern und **in Schuss zu halten** sowie neue Häuser und Brücken zu bauen. Dazu werden erst exakte Fotos vom Original gemacht und aus diesen Vorlagen maßstabsgetreue Modelle angefertigt, früher aus Holz und inzwischen aus Kunststoff. Das macht natürlich eine Menge Arbeit und alles muss perfekt sein, denn die Modelle sollen möglichst 30 Jahre lang im Freien Wind und Wetter trotzen. Geht jedoch ein Modell mal kaputt, dann wird es teuer. So kostet der Wiederaufbau einer Kathedrale bis zu 400.000 Euro!

› **Madurodam,** George Maduroplein 1, www.madurodam.nl, Tel. 070 4162400. Die Öffnungszeiten wechseln fast wöchentlich und sind am besten auf der Website nachzusehen (auch auf Deutsch). Eintritt: 22,50 € (Kinder bis 3 Jahre frei), Straßenbahn 9 sowie Bus 22, Haltestelle Madurodam.

Abstecher in die Umgebung

Die Abstände zwischen den Städten sind in den Niederlanden recht klein, sodass man durchaus „mal kurz" in die Umgebung fahren kann, um sich weiter außerhalb liegende Sehenswürdigkeiten anzusehen. Einen Ausflug nach Delft kann man beispielsweise sogar mit der Straßenbahn von Den Haag aus unternehmen.

28 Blumenparadies Keukenhof (Lisse) ★★★

Vielen Deutschen ist er ein Begriff: der Keukenhof. Rund 1,5 Million Besucher kommen jedes Jahr nach Lisse, um diese riesige Gartenanlage, in der Tulpen, Hyazinthen, Narzissen und andere Frühlingsblumen ihre bunte Pracht entfalten, zu bestaunen. Sieben Millionen Blumenzwiebeln werden Jahr für Jahr von Hand gepflanzt, um den Besuchern eine einmalige Farbenpracht zu präsentieren. 2024 feierte der Keukenhof sein 75-jähriges Jubiläum.

Tausende roter Tulpen reihen sich aneinander, werden von sattem Grün abgelöst, daran grenzen unzählige weiße und lila Krokusse. Dazwischen tauchen immer wieder Skulpturen auf, denn der Keukenhof ist nicht nur **Hollands größtes Blumenparadies**, er beherbergt auch einen großen **Skulpturengarten.** Eigenschaften, die nach eigenen Aussagen dazu führen, dass der Keukenhof der meistfotografierte Ort der Welt ist. Das ist natürlich schwer zu beweisen, aber tatsächlich existiert kaum ein Buch über die Niederlande ohne Keukenhof-Fotos.

Schon immer stand der Keukenhof in einer engen Beziehung zum Adel, denn der Garten gehörte im 15. Jh. zum Landgut der **Herzogin Jakoba von Bayern.** Wenn sich der Adel auf dem Landgut Slot Teylingen zur Jagd einfand, musste die Gesellschaft auch standesgemäß bekocht werden. Die Kräuter für das Jagdmahl kamen aus dem Garten der Herzogin, dem *keukenhof* (**„Küchengarten“**). Nach dem Tod der Herzogin beauftragten **Baron und Baronin van Pallandt** den Landschaftsarchitekten Zocher, einen Garten im Stil eines englischen Landschaftsgartens zu entwerfen. Noch heute ist der englische Stil hier erkennbar – und auch der Name ist geblieben. Doch wie kamen die ganzen Blumen in den Keukenhof? Ganz einfach: Im Jahr 1949 organisierte der ehemalige Bürgermeister von Lisse im Keukenhof eine **Blumenausstellung** und so ist es bis heute geblieben.

Nicht nur für Königinnen oder Tulpenfreunde ist der Keukenhof eine Attraktion, auch für **Kinder** gibt es hier viel zu tun: in der Windmühle oder auf dem Spielplatz herumturnen, sich im Labyrinth verlaufen oder im Streichelzoo neue Freunde finden. Wer nach einem Spaziergang durch den 32 ha großen Park noch überschüssige Energie hat, kann sich vor Ort ein **Fahrrad** mieten und durch die Tulpenfelder radeln. Für die Kleinen stehen Kinderfahrräder oder Kindersitze zur Verfügung. Unbedingt beachten: Der Keukenhof ist nur von **Mitte März bis Mitte Mai** geöffnet, denn dann stehen die Blumen und Bäume in voller Blüte.

› **Keukenhof,** Stationsweg 166A, Lisse, Tel. 0252 465555, www.keukenhof.nl, Mitte März–Mitte Mai täglich 8–19.30 Uhr, Eintritt: 23 € (Online-Ticket 19,50 €), Kinder (4–17 Jahre) 9 €, Parken 8 € (bitte beachten: das Parkticket muss im Voraus online gekauft werden), Rollstuhlverleih 5 €. Vom Flughafen Schiphol und dem Zentralbahnhof Den Haag gibt es einen durchgehenden Bus zum Keukenhof. Kombitickets, die die Busfahrt und den Eintritt in den Keukenhof umfassen, gibt es in den Touristeninformationen (s. S. 107), an den Schaltern der Busgesellschaft Connexxion oder online unter www.keukenhof.nl (deutsch).

173dh Abb.: hh

Der Keukenhof ist eines der beliebtesten Ausflugsziele der Niederlande

29 Delft ★★★ [S. 138]

Delft, das von Den Haag aus per Straßenbahn in 45 Minuten erreichbar ist, ist auf jeden Fall einen Abstecher wert. Man findet eine gemütliche mittelalterliche Universitätsstadt mit zahlreichen interessanten Geschäften vor, in der jeden Samstag zusätzlich ein schöner Wochenmarkt lockt. Bill Clinton hat hier echte holländische „pannenkoeken“ (Pfannkuchen) gegessen, als er als

US-Präsident zum Staatsbesuch in den Niederlanden weilte, und Werner Herzog drehte hier seinen Film „Nosferatu" mit Klaus Kinski in der Hauptrolle.

Für die Niederlande hat Delft deshalb so große Bedeutung, weil es die „Wiege der Nation und das Grab der Oranier" darstellt: **Willem van Oranje** lebte in Delft, weshalb die über 100.000 Einwohner zählende Stadt auch den Beinamen „Prinsenstad" („Prinzenstadt") trägt. 1584 wurde der Regent – ebenfalls in Delft – von Balthasar Gerards ermordet. Er liegt in der königlichen Gruft der **Nieuwe Kerk** am Marktplatz begraben, so wie alle wichtigen Nachfahren des Königshauses Oranien-Nassau, das die Niederlande seit damals regiert, hier ihre letzte Ruhestätte finden.

Delft ist **eine der ältesten Städte der Niederlande.** Es erhielt bereits 1246 Stadtrechte und war im 17. Jahrhundert, dem „Goldenen Zeitalter der Niederlande", zusammen mit Amsterdam, Dordrecht und Haarlem eine der Metropolen der damaligen Republik der Vereinigten Niederlande.

143dh Abb.: ug

Die Stadt ist eine **architektonische Perle,** weil ihr mittelalterliches Gebäudeareal noch weitgehend erhalten ist. Besonders idyllisch sind auch die **Delfter Grachten** wie etwa die Voldersgracht oder die Oude Delft und die Märkte in der Innenstadt (Do. und Sa. 9–17 Uhr).

Die Delfter **Universität,** die Nieuwe Kerk mit der Gruft der Oranier, das **Rathaus** und die frühere Stadtwaage **(„de Waag")** sind auch jenseits der Grenzen der Niederlande bekannt, berühmt ist die Stadt aber auch wegen des wunderschönen, hier hergestellten Porzellans **„Delfts Blauw".** Das Design des in blau-weiß gehaltenen Porzellans wurde dem chinesischen nachempfunden und auch das Know-how zur Herstellung „importierten" die Niederländer aus China.

Weltbekannt wurde die Stadt auch durch den Maler **Johannes Vermeer,** der am 31. Okt. 1632 in Delft geboren wurde und am 15. Dez. 1675 auch hier starb. Das Landschaftsgemälde „Ansicht von Delft" (1661) mit dem dramatischen Wolkenhimmel über der Heimatstadt des Malers ist neben dem Portrait des „Mädchens mit dem Perlohrring" (1665–1667) wohl das größte Meisterwerk Vermeers, der Zeit seines Lebens nur 34 Gemälde auf die Leinwand zaubern konnte. Vermeers Bilder haben eine subtile und einzigartige Farbgestaltung und „geordnete Motive" – der malerische Gegensatz zum „chaotischen" Jan Steen. Ähnlich wie Rembrandt gelang es Vermeer, durch seine unvergleichlichen Farbkompositionen und die Licht- und Schattenspiele Gemälde mit großer Ausstrahlung zu kreieren.

Delft mit seinem Stadttor ist einen Abstecher wert

138dh Abb.: ug

Den Haag für Kunst- und Museumsfreunde

Die Museen in Den Haag gehören zu den bedeutendsten der Niederlande. Das ist auch kein Wunder, denn Den Haag kann nicht nur auf eine traditionsreiche Stadtgeschichte zurückblicken, sondern ist auch Wohnsitz des Königs. So befindet sich im weltberühmten Mauritshaus ❷ das Königliche Gemäldekabinett mit Werken von Rembrandt und Vermeer und im Kunstmuseum ㉖ ist die große Piet-Mondrian-Sammlung zu bestaunen. Aber der künstlerische Fokus in Den Haag liegt nicht nur auf der Vergangenheit. Auch aktuelle und moderne Kunst hat ihren Platz: im Gem, im Fotomuseum und im Museum Voorlinden in Wassenaar.

Vorseite: Am Plein ❸ trifft man sich auf einen Kaffee oder ein „biertje"

Museen

⑲ [E1] **Beelden aan Zee.** Im spektakulären Museumsbau des niederländischen Architekten Wim Quist, am Strand von Scheveningen gelegen, dreht sich alles um die Bildhauerei. Präsentiert werden z. B. wechselnde Ausstellungen internationaler Künstler und die Porträts der königlichen Familie sowie eine Porträtgalerie niederländischer Berühmtheiten (s. S. 38).

M4 [C6] **De Mesdag Collectie,** Laan van Meerdervoort 7f, www.demesdagcollectie.nl, Tel. 070 3621434, tgl. 10–17 Uhr, geschlossen: 1. Januar, 27. April, 25. Dezember, 9 €, unter 18 Jahren frei, mit Museumkaart

Kunst am Wasser: Blick auf den Hofvijver und das Mauritshuis ❷, in dem das berühmte Mädchen mit dem Perlenohrring gezeigt wird

(s. S. 106) frei. Die vom Ehepaar Mesdag ab 1866 zusammengetragene Kunstsammlung zeigt schwerpunktmäßig Werke der französichen Landschaftsmalerei (Schule von Barbizon) und der Haager Schule. Die Sammlung mit Bildern von Camille Corot, Charles-François Daubigny, Anton Mauve, Jan Hendrik Weissenbruch, Marius Bauer, Gustave Courbet, den Brüdern Jacob, Willem und Matthijs Mari u. a. war bereits zu Lebzeiten Mesdags als Museum zugänglich. 1903 wurde sie dem niederländischen Staat gestiftet und ist seit 1991 dem Van Gogh Museum in Amsterdam angeschlossen. Die hier zu sehenden Arbeiten haben Vincent Van Gogh maßgeblich beeinflusst.

5 [D8] **Escher in het Paleis,** Lange Voorhout 74, Den Haag, Di.-So. 11-17 Uhr, www.escherinhetpaleis.nl, Eintritt: 12,50 €, Kinder (bis 6 Jahre) gratis, Kinder (7-12 Jahre) 6,50 €, Jugendliche (13-17 Jahre) 9,50 €, Studierende 11,50 €, Straßenbahn 15, 17 (Haltestelle Korte Voorhout), Bus 22, 24 (Haltestelle Kneuterdijk). Wie ist das nur möglich? Treppen, die nach unten führen, aber dann doch wieder oben enden und Vögel, die langsam in Fische übergehen – Maurits Cornelis Escher (1898-1972) war ein Meister der optischen Täuschung. Ganze Schulklassen reisen in das Palais, um sich zu fragen: Wie konnte er das zeichnen? Im ehemaligen Winterpalast von Königin Emma ist nahezu das komplette Werk des berühmten niederländischen Künstlers untergebracht, darunter seine bekannten Werke „Tekenen", „Metamorphose" und „Dag en Nacht". Im obersten Stockwerk des Museums können die Besucher in kleinen Experimenten herausfinden, wie leicht man sich täuschen lassen kann. Deshalb noch schnell ein Foto im Escher-Raum machen, auf dem die Eltern doch tatsächlich kleiner sind als die Kinder. Es gibt noch weitere Gründe, um das Museum zu besuchen, denn die prachtvollen Räume sind ebenso sehenswert wie die 15 riesigen Kronleuchter, die in Form eines Cellos, Totenkopfes, Globus oder einer Amphore von den Decken hängen und Werke des Rotterdamer Künstlers Hans van Bentem sind.

Optische Täuschungen und fließende Übergänge kennzeichnen das Werk Eschers

137dh Abb.: dhm

M6 [B4] **Fotomuseum,** Stadhouderslaan 43, Scheveningen, im selben Gebäude wie das KM21, www.fotomuseumdenhaag.nl, Di.–So. 11–18 Uhr, Eintritt: 10 €, Kinder (bis 18) gratis, Kombiticket mit dem KM21 und dem Kunstmuseum 23 €, Straßenbahn 17 und Bus 24, Haltestelle Kunstmuseum/Museon. Ob schwarz-weiß oder knallbunt, holländisch oder international, klassisch oder ultramodern – die Welt wird in Fotos widergegeben. Bilder von Künstlern wie Loretta Lux, Rineke Dijkstra und Gregory Crewdsin wechseln sich ab mit Klassikern der Fotografie, u. a. Edward S. Curtis oder Leonard Freed.

M7 [D8] **Historisches Museum Den Haag,** Korte Vijverberg 7, Den Haag, www.haagshistorischmuseum.nl, Di.–Fr. 10–17, Sa., So. 11–17 Uhr, Eintritt: 15 €, Kinder 6–17 Jahre 5 €, erm. 7,50 €, mit Museumkaart (s. S. 106) frei, Straßenbahn 15 und 17 (Haltestelle Korte Voorhout), Straßenbahn 1 und Bus 22, 24 (Haltestelle Kneuterdijk). Direkt am Hofvijver und mitten im historischen Zentrum liegt das Historische Museum von Den Haag. Hier werden ebenso Meisterstücke der niederländischen Geschichte ausgestellt wie alte Karten und Stiche von Den Haag. Der Besucher bekommt einen guten Eindruck von der Entstehungsgeschichte der Stadt sowie Informationen über die Oranier, die eng mit Den Haag verbunden sind.

M8 [B4] **KM21 – Museum für aktuelle Kunst,** Stadhouderslaan 43, Scheveningen, www.km21.nl, Tel. 070 3381133, Di.–So. 11–17 Uhr (geschlossen 25. Dez., 1. Jan.), Eintritt: 14 €, 19–25 Jahre 6 €, Kinder (bis 18) frei, mit Museumkaart (s. S. 106) frei, Kombiticket mit Foto- und Kunstmuseum 23 €, Straßenbahn 17 und Bus 24, Haltestelle Kunstmuseum/Museon. Das KM21 ist eines der wichtigsten Museen für zeitgenössische bildende Kunst in den Niederlanden und setzte auch weltweit Trends. Ausgestellt werden Werke von Künstlern aus Den Haag und den Niederlanden, aber auch internationaler Künstler. Auffallend ist das breite Spektrum an verschiendenen Kunstrichtungen: (Video-)Installationen, Bilder und Skulpturen, Multimediakunst, Performances, Film, Fotografie und digitale Kunst. Begleitet werden die Solo- oder Gruppenausstellungen von Lesungen, Diskussionsrunden und Buchpräsentationen. Im selben Gebäude wie das KM21 befinden sich auch das Fotomuseum und das Restaurant Gember.

26 [B4] **Kunstmuseum.** Das schöne Gebäude beherbergt u. a. die größte Mondrian-Sammlung der Welt und Werke anderer weltberühmter Maler, eine Modekollektion und eine Sammlung von Kunstgegenständen. Die sogenannten *Wonderkamers* richten sich vor allem an junge Leute (s. S. 43).

M9 **Louwman Museum,** Leidsestraatweg 57, Busse 90, 385 und 386, Haltestelle Louwman Museum, www.louwmanmuseum.nl, Tel. 070 3047373, Di.–So. 10–17 Uhr, Eintritt: 19 €, Kinder 5–18 Jahre 10 €, mit Museumkaart (s. S. 106) frei. In diesem Museum gibt es keine alten Bilder, sondern alte Autos. Die Bandbreite reicht von einem dreirädrigen Benz (das erste patentierte Auto) aus dem Jahr 1886 über den windschnit-

MEIN TIPP

Pause im Gember

Schon beim Eintritt ins **KM21/Fotomuseum** (s. l.) stellt sich die Frage: Gleich ins Museum oder vorher noch einen Kaffee trinken? Das **Café-Restaurant Gember** (Di.–So. 10–18 Uhr, www.restaurantgember.nl) lockt mit seiner schönen Terrasse am Museumsweiher. Wenn die Sonne scheint, fällt die Antwort leicht: Erst einen Kaffee im Freien genießen, dann geht es gestärkt ins Museum … und danach vielleicht noch einmal zurück auf ein Glas Rotwein oder ein *biertje* und *bitterballen*.

tigen Prinz Heinrich Fahrt von 1910 bis zu den herrlich nostalgischen Autos der 1950er-Jahre von Aston Martin, Ferrari, Opel und Maserati. Rund 250 Fahrzeuge umfasst die älteste private Autokollektion der Welt.

2 [D8] **Mauritshuis.** Das wohl berühmteste Museum Den Haags beherbergt das „Mädchen mit dem Perlenohrring" von Vermeer. Direkt am Hofvijver gelegen gehört es zu den Hauptsehenswürdigkeiten der Stadt (s. S. 16).

6 [C8] **Museum de Gevangenpoort (Gefängnismuseum).** Das ehemalige Gefängnis des Gerichtshofes von Holland hat Gruselcharakter. In dem Gebäude aus dem 15. Jahrhundert „locken" Gefängniszellen und Folterkeller, es werden Straf- und Folterwerkzeuge gezeigt (s. S. 20).

› **Museum Voorlinden.** Modernes Museum mit zeitgenössischer Kunst (s. S. 41).

M10 [E2] **Muzee Scheveningen,** Neptunusstraat 90–92, Scheveningen, www.muzee.nl, Mi.–So. 11–17 Uhr, Eintritt: 10 €, Jugendliche 13–17 Jahre 5 €, Kinder bis 12 Jahre frei, mit Museumkaart (s. S. 106) frei. Das Muzee stellt Exponate zu zwei Themengebieten aus: einmal zur Geschichte des Stadtteils Scheveningen und dann zum Thema Meer. Im Muzee gibt es einen alten Tante-Emma-Laden aus Scheveningen sowie historische Holzschiffe zu bestaunen, aber auch Muscheln aus aller Welt und ein Korallenriff. Am Mittwoch und Samstag um 14 Uhr ist es möglich, mit einem Kombiticket auch den Leuchtturm von Scheveningen zu besichtigen (Kinder unter 5 Jahren dürfen aus Sicherheitsgründen leider nicht mit).

14 [C7] **Panorama Mesdag,** eine 360°-Ansicht von Scheveningen aus dem Jahr 1880 – das 14 m hohe und 120 m lange Bild ist das älteste Panorama der Welt, das sich noch an seinem ursprünglichen Ausstellungsort befindet (s. S. 29).

MEIN TIPP

Himmlisches Gewölbe

„Himmlisches Gewölbe" – „Hemels Gewelf" auf Niederländisch – heißt ein ganz besonderes Kunstwerk im Haager Badeort Kijkduin (s. S. 88), geschaffen vom Künstler **James Turrell.** Es handelt sich um ein **großformatiges Landschaftskunstwerk,** das mitten in den Dünen liegt. Es basiert auf den hier typischen Lichtverhältnissen und soll den Betrachter inspirieren, indem es einen einzigartigen Blick gen Himmel freigibt. Das typische niederländische Licht, das bereits die großen niederländischen Maler des 17. Jahrhunderts inspirierte, wirkt nach Meinung von Turrell hier besonders intensiv und entfaltet eine emotionale und spirituelle Atmosphäre.

› Machiel Vrijenhoeklaan 175, Kijkduin, Den Haag, rund um die Uhr geöffnet

Schwimmen, ohne nass zu werden: im Museum Voorlinden (s. S. 41)

153dh Abb.: Museum Voorlinden©A. van Kaam

174dh Abb.: ug

Kunstgalerien

11 [C7] **Galerie De Twee Pauwen,** Oranjestraat 1, Ecke Noordeinde, Tel. 0621237253, https://detweepauwen.art, Mi.-Sa. 11-17, So. 13-17 Uhr. Moderne Kunst.

12 [C7] **Project 2.0,** Noordeinde 57, Tel. 070 3450357, www.project20.nl, Mi.-Sa. 12-17, So. 13-17 Uhr und nach Absprache. Moderne Kunst und Fotografie, Josep Bofill, Casper Faassen, Rolland Schmets. Auch hier finden Vernissagen statt und die Atmosphäre ist sehr gastfreundlich.

13 [C7] **Smelink & Stokking Galleries,** Noordeinde 101 und 150, Den Haag, Tel. 070 3640768, Mi.-Sa. 12-17, So. 13-16 Uhr. Eine weitere Topadresse Den Haags. Bronzeskulpturen und Gemälde in allen Preisklassen. Viel moderne Malerei.

Den Haag für Genießer

Ob Strandbar oder Sternerestaurant, Pub oder Pizzeria, Szeneclub oder Kneipe – in Den Haag und Scheveningen findet jeder das Passende. Besonders viele Restaurants gibt es am Plein **3***, rund um die Molenstraat [C8], im Hafen* **24** *und an der Strandpromenade (Boulevard) von Scheveningen.*

Die holländische Küche

Gouda, Hering und **Fleischkroketten** sind die Klassiker der holländischen Küche. Hinzu kommen **Kartoffeln** in allen Varianten: als Pommes, Bratkartoffeln oder *stamppot,* einer Art Kartoffelpüree gemischt mit Endivien, Sauerkraut oder Grünkohl. Dazu essen die

Holländer die obligatorische *rookworst* (geräucherte Wurst). Ebenfalls aus der niederländischen Küche nicht wegzudenken ist die *erwtensoep* („Erbsensuppe"), die im Winter an jeder Ecke zu bekommen ist. Nach dem Winteressen wartet im Frühling ganz Den Haag auf den butterzarten *Hollandse Nieuwe,* den ersten jungen Matjes. Er wird mit viel Tamtam am **Vlaggetjesdag** (s. S. 42) in den Scheveninger Hafen eingefahren. Sowohl die Prominenz als auch das einfache Volk versammelt sich, um den „Neuen" zu empfangen und natürlich auch gleich zu probieren.

Kulinarischer Tagesablauf

Am Morgen essen die Holländer das typisch weiche Brot mit Erdnussbutter oder *hagelslag* (Schokostreusel) und trinken dazu „gaaanz" viel Kaffee. Mittags gibt es dann den sogenannten **broodjes-Lunch.** Kein kulinarisches Highlight, sondern kaltes und einfaches Essen, meist in Form eines Brötchens mit Belag. In Holland lernt man erst, was man auf ein Brötchen alles drauflegen kann. Den obligatorischen Gouda natürlich, Kroketten, Ziegenkäse mit Honig und Pinienkernen, Eier- oder Thunfischsalat, Hering oder Aal, Hähnchen und Carpaccio. In manchen Restaurants und Bistros (z. B. im Kicking Horse Café im Buchladen Paagman, s. S. 66) kann man inzwischen von der „hohen Kunst des Brötchenbelegens" sprechen. Zum Brötchen trinkt ein Holländer am liebsten eine Buttermilch *(kar-*

◁ *Broodje und koffie verkeerd in der Mittagspause auf dem Plaats* 8

ABC der holländischen Speisekarte

aardappelen	Kartoffeln
appeltaart	Apfelkuchen
bitterballen	frittierte Fleischbällchen
bittergarnitur	Platte mit Kroketten, Wurst und Käse
broodje	Brötchen
broodje gezond	Brötchen mit Gurke und Tomate
erwtensoep	Erbsensuppe
frisdrank	Erfrischungsgetränk
frites oder *patat*	Pommes Frites
geitenkaas	Ziegenkäse
ijs	Eis
kaas (jong/oud)	Käse (jung/alt)
karnemelk	Buttermilch
kip	Hähnchen
koekje	Keks
koffie	Kaffee
koffie verkeerd	Milchkaffee
kopstoot	Bier mit Genever
kruidenboter	Kräuterbutter
loempias	kleine Frühlingsrollen
lunch	Mittagessen
mosterdsoep	Senfsuppe
ontbijt	Frühstück
paling	Aal
pannenkoek	Pfannkuchen
pijnboompitten	Pinienkerne
poffertjes	Mini-Pfannkuchen
saté	Fleischspieße mit Erdnusssoße
sinaasappelsap	Orangensaft
taart	Kuchen
tapbier	Fassbier
tonijn	Thunfisch
uitsmijter	der „Stramme Max" heißt in Holland „Rausschmeißer"
zalm	Lachs
zuivel	Milchprodukte

nemelk). Mit etwas Glück bekommt man mittags auch eine Suppe, im Winter ist das dann eine Erbsensuppe und im Sommer zum Beispiel eine Senf-, Tomaten- oder Hühnersuppe. Beliebt sind auch die kleinen Snacks in asiatischen Restaurants.

Am Nachmittag treffen sich die Holländer zu **Kaffee und Kuchen,** wobei der Kuchen fast immer aus dem unumgänglichen Apfelkuchen besteht. Wird man bei einer holländischen Familie zum Kaffee oder Tee eingeladen, so geht das böse Gerücht herum, es gebe dort immer nur einen einzigen Keks zum Kaffee. Der Rest der leckeren Kekse (bei einem kommt man ja erst auf den Geschmack!) würde fest verschlossen in der Keksdose bleiben und sofort wieder im Schrank verschwinden. Tatsächlich gibt es noch Familien, in denen das so gehandhabt wird.

Gegen fünf Uhr trifft man sich zum **borrel,** einen Umtrunk, zu dem *borrelhapjes* gereicht werden. Die meisten dieser Happen kommen direkt aus der Fritteuse und sind gefüllt mit Käse, einer undefinierbaren Fleischmasse *(bitterballen)* oder Gemüse *(loempias).* Punkt 18 Uhr trifft sich die holländische Familie zum Abendessen und es wird dann etwas ruhiger

Im wunderschönen Saal des Kurhaus Hotels (s. S. 39) kann man mit Stil sein Essen genießen

057dh Abb.: mob

auf den Straßen. Im Gegensatz zum Mittagessen wird nun warm gegessen. Nach dem Essen gibt es noch einen Kaffee oder Tee.

Ausgewählte Restaurants

Die ganze Welt ist in Den Haag zu Hause – zumindest in den Kochtöpfen. Hier gibt es Restaurants aus fast aller Herren Länder, von italienischen Pizzabäckern über spanische Tapas-Kneipen bis zu den asiatischen Restaurants, aber auch die exotischeren Küchen der Karibik, Nepals, Surinams, Pakistans oder Eritreas sind hier zu finden (mehr Informationen unter www.iens.nl). Da Indonesien einmal niederländische Kolonie war, sind in Den Haag besonders viele indonesische Restaurants beheimatet, die die klassische Reistafel („Rijsttafel") anbieten, die häufig gleich für mehrere Personen zubereitet wird.

Haute Cuisine

14 [C7] **Blue Blood** €€€, Hilton Hotel, Zeestraat 35, Den Haag, Tel. 070 7107025, Frühstück tgl. 6.30–11 Uhr, Mittagessen tgl. 12–15 Uhr, Abendessen tgl. 18–22.30 Uhr. Das im Hilton gelegene Blue Blood wurde hip gestaltet und ist eine absolute Bereicherung für die kulinarische Szene Den Haags. Chef de Cuisine Luis Rojas, der in Peru geboren ist und japanische Wurzeln hat, vereint die kulinarische Welt von Peru und Japan („Nikkei-Küche"). Vor dem Restaurant in der geräumigen Lobby befindet sich eine einladende Bar für den Apero.

15 [E7] **Calla's** €€€, Laan van Roos en Doorn 51A, Den Haag, Zentrum, www.restaurantcallas.nl, Tel. 070 3455866, Mittagessen Di.–Fr. 12–14, Abendessen Di.–Sa. 18.30–22 Uhr, Straßenbahn 1 (Haltestelle Mauritskade), Straßenbahn 9 (Haltestelle Dr. Kuiperstraat), Bus

Preiskategorien

Preise für ein Hauptgericht ohne Getränke.

€	bis 20 €
€€	20–25 €
€€€	ab 25 €

MEIN TIPP

Spitzenküche auf vier Etagen

Das Restaurant **6&24** ist der *talk of the town* in Den Haag: Hier wird ein tolles Ambiente in einem Top-Restaurant auf vier Etagen mitten in der Haager Innenstadt geboten. Rik und Saskia, die beiden Eigentümer, haben es 2018 eröffnet und waren nach wenigen Monaten schon der neue kulinarische Stern am Haager Firmament.

Chefkoch und Patron Rik van de Laar kommt von der „Librije", einem 3-Sterne-Restaurant in Zwolle, wo er das Handwerk von der Pike auf gelernt hat, seine Frau Saskia de Kuijer ist Sommelière. Rik kocht einem sprichwörtlich die Sterne vom Himmel, dafür wird er wohl bald mit einem ganz realen Michelin-Stern ausgezeichnet werden. Saskia kredenzt die passenden Weine zu seinen edlen Gerichten. Die St. Jacobsmuscheln mit wilden Kräutern und wildem Reis sind eine Wucht, ebenso wie der Seeteufel in Safran-Soße. Woher der Name des Restaurants kommt? Saskia hat am 6. März und Rik am 24. März Geburtstag.

Gourmets können sich hier kulinarisch richtig verwöhnen lassen, dürfen aber ihre gut gedeckte Kreditkarte nicht vergessen.

16 [C8] **Restaurant 6&24** €€€, Nobelstraat 13, Tel. 070 2196848, www.restaurant6en24.nl, Di., Mi. 18–21.30, Do.–Sa. 12–14 u. 18–21.30 Uhr

MEIN TIPP

Gutes Volk

Dort, wo einst Ron Goedvolk mit seiner Frau Ariane die berühmte Haager „Ess- und Trinkgelegenheit" betrieb, eröffnete Küchenchef Marcel van der Kleijn das nach dem legendären „Bürgermeister vom Denneweg" genannte GOED VOLCK. Hier sollte man vor oder nach dem Shoppen auf dem Denneweg einkehren. Das Restaurant bietet viele leckere Klassiker wie Steak Tartar, aber auch frische Austern, ausgesuchte Weine und auch typische holländische *bitterballen* vom Kalbfleisch, knackige Salate, Wurstplatten und den berühmten Duroc-Schinken mit Mandeln und Rucola-Salat. Ein Treffpunkt und ein Ort, an dem man leicht Leute kennenlernen kann.

21 [D8] **GOED VOLCK.** €€, Hooistraat 1, Tel. 0653955109, www.goedvolck.nl, Mi.–Mo. 12–22 Uhr, Bar bis 24 Uhr

24 (Haltestelle Mauritskade). Marcel van Kleijn machte aus dem Calla's – benannt nach der gleichnamigen Blume – einen echten Gourmettempel, der mit einem Michelin-Stern gekrönt ist. Er regiert in der Küche, während seine Frau Sharon für das Ambiente sorgt und das Calla's zu einem architektonischen Schmuckstück ausbauen ließ. Leider ist die Lage nicht ideal.

17 [C7] **Sophia** €€, Sophialaan 2 im Carlton Ambassador Hotel, Straßenbahn 1 (Haltestelle Javastraat), Busse 22, 24, Mo.–Fr. 7–24, Sa., So. 8–24 Uhr, Küche bis 22 Uhr. Hervorragende Fischgerichte, auch halbe Portionen, Tapas, Snacks, Steaks und Hummer. Gemütliche Wohnzimmeratmosphäre, schöne Terrasse, Top-Hotel, sehr freundliche Bedienung.

18 [D8] **WOX** €€€, Lange Voorhout 51, Den Haag, Zentrum, Straßenbahn 9, Haltestelle Malieveld, Tel. 070 3653754, www.wox.nl, Di.–Sa. 17–22 Uhr. Klassisch französische Küche mit asiatischem Touch, am Lange Voorhout gelegen. Hervorragendes Weinangebot, Weinkeller, Weinbar und Terrasse im Sommer. King Crab ist eine Spezialität. Das Wox serviert die wohl besten Thunfischgerichte in Den Haag.

Gastro- und Nightlife-Areale

Bläulich hervorgehobene Bereiche in den Karten kennzeichnen Gebiete mit einem dichten Angebot an Restaurants, Bars, Clubs, Discos etc.

Asiatische Küche: Chinesisch, Vietnamesisch, Thai

19 [C9] **Little V** €€, Rabbijn Maarsseplein 21, Tel. 070 3921230, www.littlev.nl, Di.–Do. 12–22.30, Fr., Sa. 12–23, So. 12–22 Uhr. Little V steht für kleines Vietnam. So fühlt man sich hier auch, wenn man authentische vietnamesische oder auch andere asiatische Gerichte verspeist. Sie sind nicht nur köstlich, sondern auch bezahlbar. Little V befindet sich in Chinatown und ist ein kulinarischer Hotspot. Getränketipp: Die frische Kokusnuss, aber auch gute und bezahlbare Weine sind im Angebot. Vorzügliche Garnelen- und Hühnchen-Gerichte, mit viel Koreander und Minze gewürzt, wenn gewünscht auch *spicy*, knackige Salate und vorzügliche Grillgerichte, auch vegetarisch. Wer die vietnamesische und asiatische Küche liebt, der ist hier goldrichtig.

20 [C9] **Lun Palace** €, Wagenstraat 95, Den Haag, Chinatown, Tel. 070 3649988, tgl. 12–1 Uhr. Ein weiterer typisch chinesischer Esstempel in der Den Haager Chinatown. Man kann hier durchgängig und köstlich speisen: kantonesisch, aber auch Pekinger Küche, Fisch und Dim Sum. Meist ist es sehr voll. Echt chinesische Atmosphäre in Kombination mit Speisen zu bezahlbaren Preisen.

22 [A5] **Mandarin Palace** €€€, Nicolaistraat 35, Tel. 070 3606616, https://mandarinpalace.nl, Mi.–Mo. 17–22 Uhr. Hier werden himmlisch schmeckende kantonesische Gerichte serviert. Zubereitet werden sie von May Lye Chen, die aus Shanghai kommt. Ihr Mann, Jason Yip aus Hongkong, ist für die Weine zuständig und hat gute Tropfen auf der Karte, die hervorragend zu den Speisen passen. Auf Wunsch gibt es auch vegetarische Gerichte.

23 [D9] **Phonsawan Thai Cuisine** €, Fluwelen Burgwal 11C, Den Haag, nur einige Meter vom Rathaus entfernt, Tel. 070 39999865, www.phonsawan.nl, Di.–Sa. ab 18 Uhr, Straßenbahn 9, Haltestelle Spui. Kleines Thai-Restaurant, das jedoch seine Gerichte mehr und mehr an den westlichen Geschmack anpasst.

24 [C2] **Phuket** €€€, Schokkerweg 15, Scheveningen, Tel. 070 3063888, https://thaisrestaurantphuket.nl, täglich 11–23 Uhr, Straßenbahn 11, Haltestelle Dornstraat. Authentische thailändische Küche in vielen Variationen. Schöne Terrasse mit Blick auf den Hafen von Scheveningen.

Indonesisch

25 [C8] **De Poentjak** €€, Kneuterdijk 16, Straßenbahn 1, Tel. 070 3600522, Facebook: Poentjak, tgl. 12–22 Uhr. Authentisches indonesisches Restaurant. Der langjährige niederländische Premierminister Mark Rutte isst hier gerne. Er lud auch den französischen Präsidenten Emmanuel Macron hierher zu einer indonesischen Reistafel ein. Top-Qualität, gutes Preis-Leistungs-Verhältnis, zentrale Lage.

MEIN TIPP

Restaurant mit Ausblick

Einen wunderbaren Blick auf die Grachten hat man im Restaurant Basaal:

28 [C9] **Restaurant Basaal** €€, Dunne Bierkade 3, Den Haag, www.restaurantbasaal.nl, Tel. 070 4276888, Do.–Sa. ab 17.30, So. ab 12 Uhr. Wer bei der charmanten Gastgeberin Edmée van Zwieten de Blom einkehrt, ist in guten Händen. Sie ist Sommelière und das Herz des Basaal, in dem man die besten Muschelgerichte – in Bier und altem Sherry gekocht – essen kann. Dazu serviert Edmée einen rassigen Riesling aus Deutschland oder einen Grünen Veltliner aus Österreich. Chefkoch Daan van Munster hat noch viele weitere Spezialitäten anzubieten, darunter seine „Confit de Canard Croquettes". Im Sommer kann man draußen auf der Terrasse direkt an der Gracht essen – ein kulinarischer und optischer Genuss.

Fischrestaurants

26 [A2] **Catch** €€, Dr. Lelykade 43, Scheveningen, Tel. 070 3387609, www.catch-bysimonis.nl, So.–Do. 12–23, Fr., Sa. 12–24 Uhr. Wechselnde Karte mit fangfrischem Fisch, große Auswahl an Austern, Hummern, Muscheln, 150 Weine, 30 verschiedene Champagner, die der Gast sich auf vier verschiedenen Etagen munden lassen kann, in einem schicken und originellen Gebäude, das einem Schiff gleicht. Terrasse am Hafen. Der „Place to be" in Scheveningen. Ableger des Simonis (s. S. 60).

27 [B2] **Encore bij Simonis** €€€, Dr. Lelykade 5, Mo.–Fr. 17–23, Sa. 12–24, So. 12–23 Uhr, Tel. 070 3060070, www.encore-bysimonis.nl. Der Restaurant-Tempel von Alie Simonis, dem Scheveninger Fisch-Baron, der hier im Encore bij Simonis auf asiatische Weise viel

MEIN TIPP

Simonis am Hafen

Und jetzt ein „kibbeling“! Es ist Sonntagmittag, die Sonne scheint und der Hunger ist groß. Viele Den Haager liebäugeln nun mit einem Besuch bei Simonis, einem der größten und besten Fischhändler in Den Haag. Simonis am Hafen – das ist eine Institution, das bestätigt auch die lange Schlange von Fischfans, die am Bestelltresen anstehen. Drinnen liegen dann die Köstlichkeiten der Meere: Schollen, Austern, Langusten, Makrelen und natürlich auch Hering. Die Menükarte befindet sich auf einem Display, zum Teil mit Bezeichnung und Foto, sodass die Zuordnung leichtfällt. Hat man sich entschieden, ob man „kibbeling“ (kleine frittierte Fischstücke), „lekkerbeck“ (frittierter Kabeljau) oder „haring met uitjes“ (Hering mit Zwiebeln) möchte, nimmt man an einem der vielen Tische unter Fischernetzen und Muscheln Platz. Dass es hier handfest zugeht, weiß man spätestens, wenn die Bedienung „driehonderdtien“ ins Mikrofon ruft. Das heißt 310, ist die Zahl auf dem Kassenbon und damit das bestellte Gericht. Keine Angst, man muss kein Niederländisch verstehen: Die Zahl wird auf einem Display gezeigt und auf Englisch wiederholt. Wen die turbulente Atmosphäre nicht abschreckt, der kann hier unkompliziert frischen und guten Fisch genießen und zusehen, wie ein Holländer seinen Hering genießt: Den Hering am Schwanz packen, einmal von jeder Seite durch „uitjes“ (Zwiebeln) ziehen, Kopf zurück, Hering hoch und herzhaft zubeißen. Dass nun die Zwiebeln über das ganze Gesicht fallen, macht einem echten Holländer nichts aus. „Eet smakelijk“, guten Appetit.

32 [B2] **Simonis** €, Visafslag 20, Scheveningen, www.simonisvis.nl, 9–20 Uhr, Straßenbahn 11, Station Vuurbaakstraat

Fisch zubereiten lässt, stellt ein kulinarisches Monument im Scheveninger Hafen dar. Zur asiatischen Küche gesellt sich ein amerikanisches Interieur, das dem Encore eine internationale Ausstrahlung verleiht. Geboten werden hier frische Austern, Sashimi, Sushi und andere Fischspezialitäten sowie Schalentiere vom Feinsten, das allerdings zu gepfefferten Preisen.

29 [C9] **Yuzu Restaurant** €, Bierkade 6, Tel. 070 2213131, www.yuzu-dining.nl, So.–Do. 18–24, Fr., Sa. 18–2 Uhr. Asiatisches Restaurant direkt an der Gracht mit hervorragenden Fischgerichten: ein neuer kulinarischer Hotspot an der Bierkade, die sich inzwischen „Avenue Culinair“ nennt. Originelle Cocktails und verschiedene japanische Whiskys, gute Weinkarte. Die Toiletten sind im Stil einer Metrostation eingerichtet.

30 [C7] **Zalmhuis** €, Anna Paulownastraat 9, Tel. 06 45035502, www.zalmhuisdenhaag.nl, Di.–Fr. 8.30–19, Sa. 8.30–18 Uhr. Täglich frisch geräuchter Bio-Lachs, wunderschöner Wintergarten. Der sehr gastfreundliche Lachsexperte Ton Lemmens räuchert selbst und kann alles über Lachs erzählen, was man wissen will.

Mediterrane und französische Küche

31 [F9] **Baardman** €€, Theresiastraat 18a, www.restaurantbaardman.nl, Tel. 070 4066559, Mi.–Sa. 11–22 Uhr, Reservierung erforderlich. Vogelliebhaber Bart Luiten benannte das Restaurant nach seinem Lieblingsvogel: der Bartmeise. Es wird ein herrlicher Tintenfisch serviert und die „Gnudi“ (gekochte Ricotta-Bällchen mit Salbei) sowie die täglich wechselnden Pastagerichte sind genauso zu empfehlen wie die vegetarischen Gerichte. Es gibt auch exzellente Weine, darunter hervorragende Tropfen aus Deutschland, und Biertrinker finden sogar ein frisch gezapftes Weihenstephan auf der Karte.

33 [D8] **Café Schlemmer** €, Lange Houtstraat 17, Den Haag, Tel. 070 3609000, https://schlemmer.nl, Mo.–Mi. 11–24, Do.–Sa. 11–1, So. 11–21 Uhr. Das Schlemmer ist eine Den Haager Institution. Es ist eigentlich Café, Weinstube, Kneipe, Biergarten, Pub, Bistro und Restaurant in einem. Einzigartige Retroatmosphäre und im Sommer mit tollem Garten. Interessantes Publikum. Bill Clinton trank hier einen Espresso, als er als US-Präsident auf Staatsbesuch in den Niederlanden war. Die Tasse, aus der Clinton trank, wird als eine Art „Polit-Reliquie" im obersten Schrankfach hinter der Theke aufbewahrt.

34 [A6] **Da Sebastiano** €, Laan van Meerdervoort 214, Den Haag, Tel. 070 3925585, www.dasebastiano.nl, täglich 17–22 Uhr. Bella Italia mitten in Den Haag: Sebastiano Stifanelli empfängt seine Gäste in der Trattoria mit italienischer Herzlichkeit. Er läuft persönlich mit einer Schiefertafel durchs Restaurant und präsentiert den Gästen das Menü, zusammengestellt mit frischen Produkten aus Bio-Anbau. Pasta vom Feinsten, von der Tagliatelle bis zur Lasagne, und Ossobuco. Zum Restaurant gehört ein schöner kleiner Garten, in dem man im Sommer essen kann. Sonntags bietet Da Sebastiano regelmäßig günstige Senioren-Menüs an.

35 [D7] **Dekxels** €€, Denneweg 130, Den Haag, Tel. 070 3659788, www.dekxels.nl, So.–Do. 17–22, Fr., Sa. 17–23 Uhr, Straßenbahn 1, Haltestelle Mauritskade, dann Mauritskade bis Ecke Denneweg laufen. Trendiges Restaurant mit meist mediterraner Küche am schicken Denneweg. Es sind aber auch asiatische Gerichte zu bekommen. Gutes Preis-Leistungs-Verhältnis.

36 [B5] **Gastrobar Berlage** €€, President Kennedylaan 1, Scheveningen, Tel. 070 3387622, www.brasserieberlage.nl, Mi.–So. 11–22 Uhr, Straßenbahn 17 (Haltestelle Kunstmuseum), Bus 24 (Haltestelle Cornelis de Wittlaan). Eine verborgene Restaurant-Perle, in der die Gastgeberin Bianca Veenhof und ihr Team die Gäste kulinarisch verwöhnen. Untergebracht in einem Art-déco-Pavillon im „Garten" des Kunstmuseums Den Haag **26**. Sehr gute französische Küche. Herrliche Terrasse im Grünen mit Blick auf das Museum. Zugang durch das nebenliegende Museon, das Omniversum oder den Durchgang neben dem Kunstmuseum.

37 **Glaswerk** €€€, Fokkerkade 14, Tel. 070 2149164, www.glaswerkdenhaag.nl, Mi.–Sa. ab 15 Uhr, Mittagessen auf Anfrage. Rosalie Brand und ihr Gatte, Chefkoch Martijn, bewirten und kochen auf höchstem Niveau. Es gibt Gerichte

MEIN TIPP

Angesagte Location

Das **Bleyenberg** ist eine beliebte Adresse, um den Abend zu verbringen, denn es umfasst gleich zwei empfehlenswerte Bars: Im Erdgeschoss befindet sich die Bar Bley, die mit Baumstämmen und Discokugeln dekoriert ist. Serviert werden neben Cocktails, Bier und Wein auch leckere Gerichte. Oben im Gebäude lockt die Sky Bar The Rooftop mit einer tollen Dachterrasse, von der man eine spektakuläre Aussicht über die Haager Innenstadt und den Grote Markt hat. Freitags und samstags legen in beiden Bars DJs auf.

Früher war hier das Warenhaus Kwantum. Dessen Eigentümer war ein gewisser John Bleyenberg, der ein berühmter Haager Bürger ist. Ihm zu Ehren wurde dieser Hotspot auf „Bleyenberg" getauft.

38 [B9] **Bleyenberg** €€, Grote Markt 10, Den Haag, Tel. 070 8002120, www.bleyenbergdenhaag.nl, Bar Bley Do.–Sa. ab 17 Uhr, Sky Bar The Rooftop Fr., Sa. ab 19 Uhr

Restaurant-Knigge

- **Bezahlung:** Wer nach dem Essen bezahlen möchte, der bestellt mit einem „De rekening alstublieft“ die Rechnung. Diese kommt dann auch, enthält aber immer die Abrechnung für den ganzen Tisch. Dementsprechend erwartet die Bedienung auch, dass sie entweder die komplette Summe oder eine Kreditkarte in die Hand gedrückt bekommt. Auf ein umständliches Abrechnen jedes einzelnen Gastes wird sie sich gar nicht oder nur sehr ungern einlassen.
- **Getränke:** Saft- oder Weinschorle ist in Holland vollkommen unbekannt. Man sollte daher einen Saft bestellen und dazu ein „Spa rood“, das im Gegensatz zum „Spa blauw“ Kohlensäure enthält. In Holland hat sich der Name der belgischen Wassermarke Spa für Mineralwasser im Allgemeinen etabliert.
- **Rauchen:** In den Niederlanden ist das Rauchen in Kneipen und Restaurants verboten. Auch sogenannte Raucherräume sind nicht mehr erlaubt. Auf einigen Terrassen kann draußen noch geraucht werden. Immer häufiger aber liest man nun das Schild „Rookvrij teras“ („Rauchfreie Terrasse“).
- **Reservieren:** Wer am Wochenende ein Restaurant besuchen möchte, sollte vorher einen Tisch reservieren. Bei manchen Restaurants, vor allem bei den kleineren, ist das sogar unter der Woche empfehlenswert. Daher sind bei den Restaurantempfehlungen in diesem Buch auch immer die Tele-

175dh Abb.: ©The Hague & Partners, Jurjen Drenth

fonnummern mit angegeben. Und keine Scheu: Alle Holländer sprechen sehr gut Englisch und meistens auch ein bisschen Deutsch.

- **Service:** Besonders an warmen Sommertagen, wenn die Strandbars und Terrassen gut gefüllt sind, kann das Warten auf einen Kaffee oder ein Sandwich durchaus etwas länger dauern, denn aus irgendwelchen Gründen schaffen es die meisten Restaurantbesitzer nicht, genügend Personal aufzutreiben. Und kommt doch zufällig ein Ober am Tisch vorbei, wird man nicht gerade mit Aufmerksamkeit überschüttet. Die Holländer nehmen diese Tatsache gelassen und haben sich damit arrangiert.
- **Toilette:** Die Toiletten in holländischen Gaststätten sind meist sehr klein und oftmals nur über steile Treppen zu erreichen. Manchmal gibt es auch nur eine einzige Toilette für Damen und Herren. In manchen Restaurants (z. B. Simonis am Hafen) wird eine Gebühr für die Toilettennutzung verlangt.
- **Trinkgeld:** Eigentlich ist das Trinkgeld im Rechnungspreis inbegriffen, und zwar mit 15 Prozent. Dennoch wird ein weiterer Obolus von 5 bis 10 Prozent erwartet.
- **Wasser:** In Holland ist es durchaus üblich, zu einem Getränk, sagen wir mal Kaffee oder Wein, ein „kranwater“ zu bestellen. Das Leitungswasser schmeckt ganz gut und ist umsonst. Allerdings variiert dieser Service von Lokal zu Lokal: In den besseren Restaurants fragt man lieber nicht danach, dort bekommt man dagegen meistens eine ganze Flasche auf den Tisch gestellt.

der französische Küche mit asiatischem Touch – Fusion also. Die Burrata ist ein Gaumenschmaus, ebenso das Bavette und die Jakobsmuscheln. Die Karte bietet gute Weine, sogar aus Franken, und mit einem Glas Champagner als Aperitif kann das kulinarische Fest im Glaswerk beginnen. Zwischendurch sollte man das Hummer-Saté bestellen und sich viel Zeit nehmen, um die exzellenten Gerichte ausgiebig genießen zu können. Der Parkplatz vor der Tür ist übrigens gratis. Das gibt es sonst fast nirgendwo in Den Haag.

39 [D8] **Impero Romano** €€, Kazernestraat 146, Den Haag, hinter dem Hotel Des Indes, am besten zu Fuß vom Lange Voorhout erreichbar, Tel. 070 3632425, www.imperoromano.nl, täglich 12–24 Uhr, Straßenbahn 17 (Haltestelle Korte Voorhout), Bus 4, 5, 22 (Haltestelle Kneuterdijk). Musik gibt es im Impero Romano jeden Abend, aber außerdem auch noch gute italienische Küche: z. B. tolle Pasta mit Trüffeln und hervorragende Weine. Fabio und Umberto, die beiden Eigentümer, verbreiten immer gute Laune. Das Essen hier ist immer ein Erlebnis – nicht nur ein kulinarisches.

40 [C2] **Lemongrass** €€, Dr. Lelykade 24, Scheveningen, Hafen, Tel. 070 3520295, www.lemongrass.nl, So.–Mi. 12–23, Do.–Sa. 12–24 Uhr. Restaurant und Weinbar mit toller Aussicht auf den Scheveninger Hafen, bezahlbaren und guten Gerichten und einer exzellenten Weinkarte, die es in sich hat.

41 [D7] **Oker** €, Denneweg 71, Den Haag, Tel. 070 3645453, www.restaurantoker.nl, Mittagessen tgl. 11.30–17, Abendessen So.–Mi. 17–22, Do.–Sa. 17–23 Uhr. Hervorragendes Preis-Leistungs-Verhältnis, High Tea in vier Varianten, asiatische und typisch niederländische Gerichte, Austern, aber auch Pfannkuchen, freundlicher Service.

MEIN TIPP

Restaurants am Strand

Die *strandtenten*, die Bars und Restaurants am Strand, werden nur im Sommer aufgebaut. Im März geht das Hämmern, Bauen und Einrichten los und um Ostern herum öffnen die ersten Strandbars. Dann weiß ganz Den Haag: Der Sommer kommt!

Restaurants am Südstrand:

- **De Kwartel** (www.dekwartel.nl): Strandrestaurant mit gutem Wein- und Speisenangebot (auch bio, einheimische und südländische Gerichte). Parken an der Kwartellaan und dann zu Fuß durch die Dünen.
- **La Cantina** (www.lacantina.nl): Das einzige Restaurant am Südstrand, das mit dem Auto erreichbar ist. Lockere, südländische Atmosphäre.
- **Zuid** (strandpaviljoen-zuid.nl): Biogerichte und vegetarisches Essen, sehr relaxt, am Wochenende wird gegrillt. Ca. 10 Minuten zu Fuß durch die Dünen oder am Strand entlang, Parken am Houtrustweg.

Restaurants am Nordstrand (am Strandweg):

- **Oscars** (www.oscars.nl): Sehr entspannte Atmosphäre mit guten Speisen, gute Weine, sehr freundliche Bedienung, auch deutschsprachig, Terrasse in den Dünen mit Meerblick. Eignet sich auch bestens für Familienfeste in ganz privater Atmosphäre oder für Konferenzen in den Dünen. Besucher können sonntags an spirituellen Workshops wie Yoga, Meditation, Mindfulness, Tai Chi und Qigong teilnehmen. Sie werden von Omana organisiert: www.omana.nl.
- **Sol Beach** (www.solbeach.nl): Mexikanisches Flair, Tapas und asiatisches Finger-Food, Fleisch und Fisch kann man auf einem Tischgrill selber brutzeln.
- **Wij** (https://strandclubwij.nl): Sehen und gesehen werden – hier kann man in der Sonne braten und dabei bedient werden, essen und in Lounge-Möbeln chillen.

De Kwartel am Südstrand

020dh Abb.: ug

42 [C8] **Tapisco** €€, Kneuterdijk 11, www.restauranttapisco.nl, So.–Do. 12–24, Fr., Sa. 12–1.30 Uhr. Eines von mehreren Restaurants des Haager Star- und Sternekochs Marcel van der Kleijn (u. a. Calla's, s. S. 57) mit spanischen und portugiesischen Spezialitäten, Tapas etc.

43 [C6] **Villa CouCou** €€€, Laan van Meerdervoort 6, Tel. 06 83097927, https://villacoucou.nl, Restaurant Di.–Sa. 12–15.30, 18–21.30 Uhr, Bar Di.–Sa. 18–23 Uhr. Feine französische Küche und Weine, die der französische Eigentümer Jonathan Rongeau und die charmante Isabeau präsentieren. Das Restaurant La Cuisine d'Alexandre bietet moderne französische Gerichte in mediterraner Atmosphäre, das Essen ist vorzüglich. Franky's Bar serviert leckere Drinks. Im Garten kann man im Sommer sogar Boule spielen.

44 [B2] **Waterproef** €€€, Dr. Lelykade 25–27, Scheveningen, Hafen, Tel. 070 3588770, www.restaurantwaterproef.nl, Mi.–Fr. 12–14.30 und 18–22, Sa. 18–22, So. 13–20 Uhr, Straßenbahn 11, Haltestelle Statenlaan. Eines der besten Restaurants im Hafen von Scheveningen. Super Krabbensalat mit Avocado- creme, gebackene Jakobsmuscheln auf getrockneten Tomaten, Hummer und ein Tartar vom Weiderind. Die Weinkarte enthält viele Schätze bis zu den ganz teuren Bordeaux. Tolles Ambiente, gutes Essen, direkt am Bootsanlegesteg der Segler. Vorzüglich, aber teuer.

Indisch

45 [F1] **Kitchen Rani** €€, Gevers Deynootplein 223, Scheveningen, www.kitchenrani.nl, Tel. 070 3544457, Di.–So. 17–22 Uhr. Hier kann man sich am täglich wechselnden Buffet authentische indische Gerichte wie Pani Puri, Papdi Chaar und Bhel Puri, leckere Currys sowie traditionelle Desserts schmecken lassen.

Griechisch

46 [C8] **Knossos** €, Kerkplein 1, Den Haag, www.knossosdenhaag.nl, Tel. 070 3654831, Di.–So. 13–22 Uhr. Little Greece direkt an der Nordsee. Das Restaurant liegt unmittelbar neben dem Oude Stadhuis (Alten Rathaus) 9 im Herzen der Stadt. Im Sommer mit angenehmer und ruhiger Terrasse. Ein breites Angebot von Gyros bis Tsatsiki oder gegrilltem Tintenfisch – alles hier ist frisch und köstlich. Gutes Preis-Leistungs-Verhältnis.

MEIN TIPP

Restaurant Bowie

Bowie an der Regentesselaan in Den Haag ist eine **Weinbar** und ein Restaurant mit **französisch-mediterraner Bistroküche.** Es gibt einfache Gerichte mit kräftigen Aromen und stets saisonalen Zutaten. Ein Ort, an dem man ausgiebig speisen, aber auch spontan auf ein Glas Wein auf der sonnigen Terrasse oder ein Bier an der Bar vorbeischauen kann. Die Weinkarte konzentriert sich auf französische Weine, es werden jedoch auch Weine aus anderen Regionen Europas angeboten (allerdings sind die Weine insgesamt nicht günstig). Die Speisekarte ist in Snacks, kleinere kalte Gerichte, größere warme Gerichte und Süßigkeiten unterteilt. Man kann hier den Tisch auch mit Gerichten zum Teilen füllen lassen – für jeden etwas. Die Bedienung ist herzlich und gastfreundlich. Im Restaurant-Ranking der überregionalen Tageszeitung AD stand „Bowie" im April 2024 als derzeit bestes Restaurant von Den Haag auf Platz 1. Reservieren ist daher unbedingt erforderlich.

47 [A6] **Restaurant Bowie** €€€, Regentesselaan 24a, Den Haag, Tel. 070 2066926, www.barbowie.nl/contact, Straßenbahn 3, Haltestelle Conradkade, dann noch zwei Minuten zu Fuß, So.–Do. 9–24, Fr., Sa. 9–1 Uhr

MEINE TIPPS

Dinner for one

Wer alleine in Den Haag unterwegs ist, wird sich in diesem Café wohl fühlen:

54 [B4] **Kicking Horse Café** €, im Buchladen Paagman, Frederik Hendriklaan 217, Den Haag, www.paagman.nl/kicking-horse-cafe, Mo.–Fr. 9–21, Sa. 9–18, So. 12–17.30 Uhr, Bus 24, Haltestelle Willem de Zwijgerlaan. Sehr gut und beliebt ist das Café im hinteren Teil des großen Buchladens Paagman, das neben einigen warmen Gerichten hervorragende Sandwiches und Salate, köstliche Kuchen und frische Obstsäfte anbietet. Dabei kann man in Ruhe seine Zeitung lesen.

Frischer Fisch

De Dagvisser ist eines der besten **Fischrestaurants** in Scheveningen. Fisch immer frisch, Top-Service, Top-Location, super Preis-Leistungs-Verhältnis. Drei-Gänge-Menüs schon ab 25 €, Senioren-Menü montags für 22 €, ein Glas Wein und Kaffee danach inklusive.

55 [C2] **De Dagvisser** €€, Dr. Lelykade 26, Scheveningen, Tel. 070 3500593, www.dedagvisser.nl, tgl. 11.30–22 Uhr

Der Tempel für Liebhaber von Austern

Wer Austern liebt, ist im Hafen von Scheveningen bei Suzie Q richtig. Jeden Mittwoch ist Austern-Tag für 1,50 € pro Stück! Auch anderes exzellentes Essen, natürlich Fisch in vielen Variationen und fangfrisch. Tolle Atmosphäre und Einrichtung, mit Terrasse am Hafen. Deutschsprachige Bedienungen. Super Service, hervorragende Weine.

56 [A2] **Restaurant Suzie Q** €€, Dr. Lelykade 33–37, Scheveningen, Tel. 070 7433676, Mo.–Do. 16–24, Fr., Sa. 12–1, So. 12–24 Uhr

48 [B8] **The Gyros Club** €, Grote Markt 1, Tel. 070 2124285, www.thegyrosclub.nl, So.–Do. 12–24, Fr., Sa. 12–1 Uhr. Am Grote Markt befindet sich der Gyros Club, ein trendiges Restaurant mit Bar, immer frischen Calamari, anderen griechischen Klassikern und großer Cocktail-Auswahl. Auch vegetarische Gerichte.

Einheimische Küche

49 [C8] **B.I.T.** €€, Buitenhof 39–42, www.corona.nl, Tel. 070 7900032, tgl. 12–22 Uhr, Straßenbahn 17 (Haltestelle Gravenstraat), Straßenbahn 1 (Haltestelle Kneuterdijk), Bus 22, 24 (Haltestelle Buitenhof). Restaurant im Hotel Corona von Sternekoch Marcel van der Kleijn, der auch das Calla's (s. S. 57) und das Tapisco (s. S. 65) führt.

50 [C8] **Goude Hooft** €, Dagelijkse Groenmarkt 13, Den Haag, Tel. 070 7448830, www.tgoudehooft.nl, tgl. 9–22 Uhr, Straßenbahn 17, Haltestelle Buitenhof. Niederländische Küche, sehr schöne Terrasse mitten im Zentrum.

Vegetarisch

51 **Club Vers** €, Stationsweg 136a, Den Haag, nur ein paar Meter vom Bahnhof Hollandspoor entfernt, Tel. 070 8912860, https://clubvers.nl. Vegetarisch, vegan, glutenfrei – alles da! Auch konventionelle Sushi- oder Falafelbowls, Smoothies, Kuchen und Pancakes.

52 [D7] **FOAM Ontbijt & Lunch** €, Frederikstraat 44, Tel. 070 7522141, www.foamcatering.nl, tgl. 9–16.30 Uhr. Ein Hotspot für Vegetarier und Veganer, regelmäßig gibt es auch Kochkurse und Workshops, schöner Garten.

› **Grote Markt** [B8/9]. Treffpunkt für Vegetarier und Veganer. Die meisten Restaurants legen den Fokus auf Gemüse statt auf Fleisch.

53 [A7] **Hagedis** €, Waldeck Pyrmontkade 116, Den Haag, Tel. 070 3640456, Do.–So. ab 17 Uhr, Straßen-

Cafés, Koffiehuis und Coffeeshops

Was ist der Unterschied zwischen einem „café", einem „koffiehuis" und einem „coffeeshop"? Das niederländische Wort **„koffiehuis"** bezeichnet ein Kaffeehaus, das meist nur tagsüber geöffnet ist und Kaffee ausschenkt. Es entspricht dem deutschen Café oder Kaffehaus. Ein **„café"** in Holland hat dagegen mit unserem Café wenig zu tun. Es kann eine Kneipe, ein Bistro oder ein einfaches Restaurant sein. Sehr beliebt sind die „bruine cafés", eine Mischung aus Kneipe und Restaurant. **„Bruine cafés"** sind gemütlich und mit viel dunklem Holz eingerichtet, das Licht ist schummrig, die Holztische blank gebürstet und an der großen Theke schmeckt das Heineken oder Amstel besonders gut. Dazu isst man die sogenannte „borrelhapjes": Kroketten, Käseblöcke, Wursthappen, Käsetaschen, Mini-Frühlingsrollen und „bitterballen" (runde, fritierte Klöße aus einer undefinierbaren Masse aus Fleisch und Kartoffeln – sollte man aber mal probiert haben). Oft bieten die Cafés neben der üblichen Speisekarte mit Salaten, Satéspießen und Steaks auch einen sogenannten „daghap" an, also ein Tagesgericht zu einem günstigeren Preis (diese werden meist auf Tafeln ausgeschrieben).

In einem **„coffeeshop"** dagegen gibt es nichts zu essen und auch keinen Alkohol, dafür Hasch und Marihuana. Das „gedoogbeleid", eine Art Politik der Duldung, erlaubt den Besitzern von „coffeeshops" seit 1976, weiche Drogen zu verkaufen. Ein paar Regeln müssen dabei eingehalten werden: keine Drogen an unter 18-Jährige, keine öffentliche Werbung und keine Abgabe von mehr als 5 g pro Person. Im „coffeeshop" wählt man auf einer Art Speisekarte die Sorte, die man möchte, und kann sich den Joint direkt bauen lassen. In ganz Holland gibt es um die 700 „coffeeshops", umgefähr 50 in Den Haag (u. a. in der Molenstraat). Nun sollte man aber nicht denken, dass „coffeeshops" komplett legal sind. Anbau, Einkauf, Lagerung und Transport der Drogen sind nämlich nicht erlaubt. Da fragt man sich: Wie kommen die Drogen zum „coffeeshop" und wo werden sie gelagert? Und vor allem: Wer hat sie eingekauft? Knifflige Fragen, die im Raum stehen bleiben.

bahn 3, Haltestelle Elandstraat. In einem ehemaligen Schulgebäude bietet das Hagedis Pasta, Pizza, Salate und Käsefondue zu einem akzeptablen Preis und in Bio-Qualität.

57 [C8] **Shakshuka** € , Prinsestraat 73A, Di., Mi. 17.45–21.30, Do., Fr. 17.30–21, Sa., So. 12–21 Uhr, Tel. 06 34544577, www.shakshuka-denhaag.nl. Highlight für Vegetarier, in dem aber auch einige Fleischgerichte serviert werden. Mit fünf verschiedenen Shakshuka-Variationen von arabisch bis mediterran,

KURZ & KNAPP

Was ist am „Koffie verkeerd" verkehrt?

In Holland fällt bald der Begriff *koffie verkeerd* ins Auge. Schnell ist übersetzt, das es sich um einen verkehrten Kaffee handelt. Doch was kann an einem Kaffee verkehrt sein? Der normale Kaffee ist ein schwarzer Kaffee, in dem etwas Milch „herumschwimmt". Bei einem *koffie verkeerd* ist es genau andersherum: Er besteht aus mehr Milch als Kaffee und entspricht dem deutschen Milchkaffee.

scharf bis soft. Es gibt frische Fruchtsäfte und köstliche Salate, vegane Falafel und veganes Hummus. Die hervorragenden italienischen Weine strapazieren den Geldbeutel mehr als das köstliche Essen.

Cafés und Coffeestores

58 [C8] **Bagels & Beans,** Plaats 21–23, Den Haag, www.bagelsbeans.nl, Tel. 070 3621420, Mo.–Fr. 8.30–17, Sa., So. 9–17.30 Uhr. Im Angebot: Bagels mit allem Möglichen drauf und drum herum sowie sehr guter Kaffee, Fruchtsäfte.

59 [C8] **Coffee Company,** Noordeinde 54, Den Haag, https://coffeecom pany.nl, Mo.–Fr. 7.30–19 Uhr, Sa., So. 8.30–19 Uhr. Wie der Name schon sagt, bekommt man in der Coffee Company hauptsächlich guten Kaffee, begleitet von Sandwiches und Muffins. Die Lage ist zentral, direkt beim Palast Noordeinde, und man kann sehr gut auch im Freien sitzen.

60 [C8] **Dudok,** Hofweg 1A, Den Haag, www.dudok.nl, Tel. 070 8900100, So.–Mi. 9.30–20, Do.–Sa. 9.30–22 Uhr. Hier soll es den besten Kuchen ganz Hollands geben! Aber auch Frühstück, Snacks, Hauptgerichte und Salate werden in dem großen trendy Loft angeboten. Wunderschön ist auch der Garten und hilfreich die angrenzende Touristeninformation, bei der man sich mit Infomaterial eindecken kann.

61 [B8] **Koffie- en Ijssalon Florencia,** Torenstraat 55, Den Haag, Tel. 070 3630214, www.florenciaijs.nl, Mo.–Fr. 7.30–23, Sa., So. 8–23 Uhr. Bereits seit 1932 *die* Adresse der Stadt zum Eisessen oder auch zum Kaffeetrinken. Die Clochards der Stadt bekommen hier kostenlos eine Tasse Kaffee. Im Sommer mit schöner Terrasse, guter Espresso.

62 [C7] **Sam Sam,** Noordeinde 162, www.samsamdenhaag.nl, Tel. 070 4061057, Mo.–Sa. 9–16 Uhr. Ein kleines Café in hellem, skandinavischem Stil, in dem ein junges Team mit viel Liebe hochwertige, hausgemachte Gerichte anbietet – vom Frühstück über ein leichtes Mittagessen bis zu Kaffee und Kuchen. Gute Smoothies, ganztags Frühstück, Bowls, Sandwiches, auch kleine Portionen. Gluten- und laktosefreie Gerichte.

63 [D9] **Wiener Konditorei,** Korte Poten 24, Den Haag, vom Hauptbahnhof Richtung Innenstadt/Parlament zu Fuß schnell zu erreichen, Tel. 070 3600549,

MEIN TIPP

Wiedereröffnung des Cafe Nationaal

Das Gebäude ist ein Nationaldenkmal. Es befindet sich an der Ecke Prinsegracht und Boekhorststraat und stammt aus dem 17. Jh. Die Prinsegracht 2 und die angrenzende Boekhorststraat 1 wurden im 19. Jh. zu Einzelhandelsflächen umgebaut und erhielten im Erdgeschoss eine Ladenfront. Im Jahr 1885 wurde an dieser Stelle ein Bier- und Kaffeehaus errichtet, das knapp zwanzig Jahre später den Namen „Café Nationaal" erhielt. Viel später befanden sich hier verschiedene Restaurants. Im März 2024 wurde das Café Nationaal nach gründlicher Renovierung als Grand Café und Brasserie im belgischen Jugendstil wieder eröffnet. Es ist der neue Hotspot von Den Haag.

64 [B9] **Café-Brasserie Nationaal,** Prinsegracht 2, Den Haag, Tel. 061234565, https://cafebrasserie nationaal.nl, Mi.–So. ab 11 Uhr, Mittagessen 12–15, Abendessen 17–22 Uhr

Die Terrassen auf dem Plein (3) sind abends ein beliebter Treffpunkt

www.wienerkonditorei.nl, Di.–Sa. 9–17, So. 10–17 Uhr. Ein Stück Wien in Den Haag, natürlich mit Sachertorte und Apfelstrudel sowie den berühmten Wiener Kaffeevarianten: dem großen Braunen und dem Einspänner mit oder ohne Schlagobers. Seit 1934 gibt es dieses von „Opa Prager" gegründete Kaffeehaus in Den Haag. Hier ist der Stil der 1930er-Jahre konserviert. Sonntags gibt es ab 15 Uhr einen „High Tea". Man kann sich auch einen Grünen Veltliner aus Österreich zum Apfelstrudel bestellen, denn die Konditorei besitzt eine Schankerlaubnis für alkoholische Getränke. Eine Dependance ist am Plaats neben dem Hofvijver zu finden:

65 [C8] **Vienna The Hague,** Plaats 30, Tel. 070 3463122, tgl. 8–18 Uhr

66 [C8] **Yoghurt Barn,** Plaats 25, Frühstückscafé, in dem man sich das Frühstück selbst zusammenstellen kann. Viel Früchte und Joghurt.

Den Haag am Abend

Wer noch genug Energie hat, um sich ins Den Haager Nachtleben zu stürzen, ist an warmen Sommerabenden am Boulevard von Scheveningen, der Strandpromenade, gut aufgehoben. Doch auch in der Stadt gibt es ein paar schöne Ausgehmeilen, wo man sich auf ein „biertje" oder einen „koffie" trifft.

Ausgehmeilen

Wer Den Haag im Sommer besucht, fühlt sich ein bisschen wie im Süden. Die Plätze in der Innenstadt sind dann voller Tische, Stühle und Menschen und erinnern an die Atmosphäre einer italienischen Piazza. Am **Boulevard von Scheveningen** (Strandpromenade) tummeln sich Kinder mit Eis, Jugendliche mit der Freundin im Arm, Er-

121dh Abb.: ug

wachsene auf coolen Lounge-Liegen, Oma und Opa auf der Bank mit Blick aufs Meer. Wer es ruhiger mag, sollte den Südstrand aufsuchen und dort den Sonnenuntergang in einer Strandbar genießen oder sich mit einem Glas Wein an die Gracht setzen.

Auch in der Innenstadt spielt sich im Sommer das Leben im Freien ab. Vor allem am **Plein** 3 gibt es unzählige Restaurants und Bars mit Tischen, Stühlen und Bänken unter Schatten spendenden Bäumen. Da neben dem Plein mehrere Ministerien liegen, ist das Publikum hier etwas älter und gediegener als am **Grote Markt** [B8/9], wo es auch eine Cocktailbar und eine Musikkneipe gibt. Im Sommer ist der Grote Markt eine einzige Outdoorkneipe mit überwiegend jungem Publikum.

Etwas ruhiger geht es am wunderschönen **Anna Paulownaplein** [C7] zu, einem kleinen Platz mitten im noblen Mesdagviertel. Mehrere Restaurants und Bars stellen im Sommer Tische und Bänke auf dem Platz auf, aber auch im Herbst und Winter sind die Lokale hier einen Besuch wert.

Eine ganze Restaurantmeile ist die sogenannte **„Avenue Culinaire“** an der **Dunne Bierkade** [B–C9], die trotz ihres französischen Beinamens weniger an Paris als an Amsterdam erinnert. An dieser schönen Gracht gibt es angesagte Restaurants und – wie der Name schon sagt – auch viele Kneipen mit einem großen Bierangebot. Hier kann man schlendern, schlemmen und interessante Leute kennenlernen.

Kneipen und Bars

67 [B8] **Boterwaag,** Grote Markt 8A, Den Haag, Tel. 070 3659686, https://boterwaag.nl, Mi. 11–1, Do.–Sa. 11–1.30, So. 11–22 Uhr. Die Boterwaag ist eine der vielen Kneipen und Restaurants am Grote Markt. In dem alten Gebäude werden verschiedene – auch berühmte belgische – Biere ausgeschenkt und ab 17 Uhr kann man dort auch essen. Vor allem im Sommer lässt es sich wunderbar im Freien sitzen.

68 [D9] **Café Berger,** Plein 18, Den Haag, Tel. 070 3600006, Facebook: Cafe Berger, Mo. 11–23, Di., Mi. 11–24, Do. 11–1, Fr., Sa. 11–2, So. 11–22 Uhr. Hier trinken viele Politiker ihr Bierchen.

Kunst vor dem AFAS Circustheater, Den Haags Musicaltempel (s. S. 73)

022dh Abb.: mob

69 [D9] **Café Restaurant Leopold,** Plein 17, Den Haag, Tel. 070 3600009, www.caferestaurantleopold.nl, tgl. 12–1 Uhr, zentral gelegen am Parlament/Binnenhof. Der belgische Botschafter ließ es sich nicht nehmen, die Kneipe mit Restaurant persönlich zu eröffnen, denn hier gibt es belgisches Bier.

70 [D9] **Cloos,** Plein 12A, Den Haag, direkt am Parlament neben der Weinbar Millers (s. S. 72), Tel. 070 3639786, www.eetcafecloos.nl, tgl. 12–1 Uhr. Gemütliches Bistro im französischen Stil. Jeden Freitag und Samstag sorgen die hauseigenen DJs für Partys. Nach dem Abendessen werden die Tische beiseite geschoben und es kann bis spät in die Nacht gefeiert werden. Mit ihrem tanzbaren Mix aus aktuellen Hits und den besten Klassikern füllen die DJs mühelos die Tanzfläche.

71 [C9] **De Paas,** Dunne Bierkade 16A, Den Haag, Tel. 070 3600019, tgl. 14–24 Uhr. Nähe chinesisches Viertel und Spui. An einer schönen Gracht liegt diese beliebte Kneipe mit einem Terrassenboot davor (es schaukelt etwas!), auf dem man im Sommer wunderbar Bier trinken kann. Apropos Bier: Bei 160 verschiedenen Biersorten fällt die Auswahl schwer. Soll es ein Bier mit Kirsch- oder Grapefruitgeschmack sein, ein belgisches Bier oder die heimische Biermarke aus Bayern? Regelmäßig werden hier auch kulinarische Bierproben unter dem Motto „Bier und essen" veranstaltet.

72 [B8] **De Zwarte Ruiter,** Grote Markt 27, Den Haag, Tel. 070 3649549, www.gmdh.nl, So.–Mi. 11–1, Do.–Sa. 11–1.30 Uhr. Typisches Haager Szenelokal. Mischung aus Kneipe, Bar, Café, Restaurant. Tolle Atmosphäre, schöne Terrasse am Grote Markt, einem der Ausgangszentren Den Haags, Livemusik.

73 [C7] **Room,** Anna Paulownaplein 16, Den Haag, Tel. 070 3630002, www.roomdenhaag.com, tgl. 10–21.30, Bar bis max. 1 Uhr. Schöne Bar mit Biergartenatmosphäre, im Sommer auch im schönen Garten unter einem großen Kastanienbaum. Viele Snacks und kleine, aber feine Gerichte, von Caesar Salad bis *bitterballen*. Hier heißt es „sehen und gesehen werden".

74 [B8] **The Fiddler,** Riviervismarkt 1, Den Haag, bei der Grote Kerk im Zentrum, Tel. 070 3651955, Di.–So. 12–1 Uhr. In dem englischen Pub werden auf zwei Etagen neben holländischen Bieren vor allem Pitcher mit Cider, Guiness oder belgischen Bieren ausgeschenkt. Dazu gibt es *vinegar chips* (Chips mit Essiggeschmack).

Smoker's Guide

In den Niederlanden ist das **Rauchen in öffentlichen Gebäuden, in Kneipen und in Restaurants verboten.** Das Rauchverbot wird strikt durchgesetzt. Auch viele Hotels werben damit, dass sie „absolut rauchfrei" sind. Die Haager Regierung möchte das Rauchen auch auf Terrassen verbieten, was allerdings zurzeit noch nicht geschehen ist.

› Im **Hotel Des Indes** 11 gibt es eine Cigar Lounge.

Weinbars

75 [D7] **Bouzy Wine & Food,** Denneweg 81, www.bouzy.nl, Mo.–Sa. 15–23, So. 15–20 Uhr. Supercoole Weinbar und Restaurant, exzellente Weine und sehr gutes Essen. Zum kulinarischen Imperium von Martijn Verbruggen und seinem Partner Stefan Verleer gehören noch zwei weitere Bouzy-Weinbars/-Restaurants, z. B. das Bouzy in der Prinsegracht 42 A, das derzeit einer der kulinarischen Hotspots von Den Haag ist, was sich allerdings auch in den Preisen spiegelt.

76 [D8] **Fratelli,** Tournooiveld1, Den Haag, tgl. 11–22 Uhr. Italienisches Restaurant mit Weinbar in bester Lage direkt gegenüber dem Arbeitssitz des jeweils in Den Haag regierenden Ministerpräsidenten und dem Parlament sowie dem Mauritshuis-Museum.

77 [D9] **Weinbar Millers,** Plein 10, Den Haag, neben dem Binnenhof, Tel. 070 3629043, www.millersdenhaag.nl, So.–Mi. 10–2, Do. 10–3, Fr. 10–4, Sa. 10–4.30 Uhr. In dieser gemütlichen Weinbar, in der man wirklich gute Weine bekommt und auch vorzüglich zu einem verträglichen Preis essen kann, ist häufig interessantes Publikum anzutreffen.

Clubs und Discos

78 [C8] **Havana,** Buitenhof 19, Den Haag, Tel. 070 5220301, So., Di., Mi. 12–23, Do. 12–24, Fr., Sa. 12–2 Uhr. Das Havana, das tagsüber ein normales Restaurant ist, wandelt sich sonntagabends zum Salsa-Tempel von Den Haag. Außerdem werden hier sehr gute Mojitos gemixt.

79 [B9] **Paard van Troje,** Prinsegracht 12, Den Haag, Tel. 070 3601838, www.paard.nl, Mi.–So. 22–5 Uhr. Tagsüber ein Theater, ist das Paard van Troje nachts eine angesagte Disco mit Gast-DJs in der *main hall*, die sich über drei Etagen erstreckt. DJ Tiesto fing hier seine Karriere an und bekannte niederländische und andere europäische Bands treten hier regelmäßig auf.

Livemusik

80 [F1] **Crazy Pianos,** Strandweg 21–29, Scheveningen beim Kurhaus, Tel. 070 3227525, www.crazypianos.com, Mi., Do. 17–1, Fr. 17–3, Sa. 17–4, So. 13–1 Uhr (bis 23 Uhr gibt es hier auch etwas zu essen), Straßenbahn 1 und 9, Bus 21 und 23, Haltestelle Kurhaus. Nach einem sonnigen Tag am Scheveninger Strand und einem relaxten Abend in einer Strandbar gibt es eigentlich nur eins: im Crazy Pianos bis tief in die Nacht feiern und abtanzen. Die Stimmung ist fantastisch, die Barmädchen tanzen auf den Klavieren und die Pianisten spielen

176dh Abb.: ug

Songs, die man zum großen Teil kennt und bestimmt auch mitsingen kann. Einige der Pianospieler haben inzwischen ihre eigenen CDs herausgebracht und sind in den Niederlanden relativ bekannt, unter anderem Roel van Velzen. Das Mindesteintrittsalter für das Crazy Pianos beträgt 23 Jahre.

81 [C8] **Muziekcafé De Paap,** Papestraat 32, Den Haag, Tel. 070 3652002, www.depaap.nl, Do. 22–4, Fr., Sa. 20–5 Uhr, Livemusik. Die niederländischen Rockgrößen Anouk und Kane sind hier berühmt geworden.

Klassische Musik

Das **Residentie Orkest**, das Residenzorchester, besteht seit 1904 und gehört zu den besten Symphonieorchestern der Niederlande oder sogar ganz Europas. Das Repertoire des Residenzorchesters umfasst Kammermusik ebenso wie die großen symphonischen Werke – von der Klassik bis zur Neuzeit. Mit Veranstaltungen wie Einführungskursen vor den Konzerten und Workshops für Kinder und Jugendliche setzt sich das Residenzorchester auch dafür ein, mehr Menschen an klassische Musik heranzuführen. Zu hören und zu sehen ist das Residenzorchester im Kulturgebäude **Amare** in der Innenstadt. Dort stehen ihm ein großer Konzertsaal mit 1500 Plätzen und ein Übungsraum zur Verfügung. Zu den Hausdirigenten zählen derzeit Anja Bihlmaier, Richard Egarr und der Deutsche Jun Märkl.

› **Residentie Orkest,** Kartenvorverkauf Tel. 070 8800333 oder über die Website www.residentieorkest.nl

Imposanter Kulturtempel im Herzen der Stadt: Amare

Moderner Tanz

Auch im Bereich des Tanztheaters bewegt sich Den Haag auf Weltklasseniveau. Unter der Leitung der früheren Choreografen Sol León und Paul Lightfoot ist das **Nederlands Dans Theater** für modernen Tanz berühmt geworden, der allerdings nie die klassischen Elemente aus den Augen verliert. Im Gegensatz zu den meisten anderen Tanzensembles gibt es hier keine Solisten – alle Tänzer und Tänzerinnen müssen so gut ausgebildet sein, dass sie sowohl Solisten- als auch Ensemblerollen übernehmen können.

Das Theater setzt sich aus zwei Kompagnien zusammen: der Haupt-Kompagnie I und der Kompagnie II, der Nachwuchstänzer zwischen 17 und 22 Jahren angehören. Das Nederlands Dans Theater tritt im Kulturgebäude **Amare** auf, wo 1300 Gäste die Auftritte live verfolgen können.

› **Nederlands Dans Theater,** Tel. 070 8800100 oder www.ndt.nl

Veranstaltungsorte

82 [F2] **AFAS Circustheater,** Circusstraat 4, Scheveningen, Tel. 070 4167600, www.stage-entertainment.nl, Straßenbahn 1 und 9, Bus 21 und 23, Haltestelle Kurhaus bzw. Scheveningseslag. Musicaltheater mit wechselnden Musicals im Programm, u. a. Mary Poppins. Karten unter www.seetickets.nl (auch in Englisch). *Der* Musicaltempel von Den Haag/Scheveningen.

83 [C9] **Amare,** Spuiplein 150, Tel. 070 88 00 300, www.amare.nl. Das größte Kulturgebäude der Niederlande bietet dem Residentie Orkest, dem Nederlands Danstheater und dem Koninklijk Conservatorium ein Zuhause.

Den Haag zum Stöbern und Shoppen

In Den Haag finden Shoppingfans einfach alles: Von den Megastores am Bahnhof Holland Spoor über die exklusive Einkaufsmeile Noordeinde in der City bis zu den kleinen, individuellen Geschäften in den jeweiligen Stadtteilen, die exotische Heilkräuter oder gebrauchte Fahrräder verkaufen. Highlights sind sicherlich auch der Haagse Markt, der größte Markt Europas, und die Westfield Mall of the Netherlands, die größte Shoppingmall der Niederlande. Die Niederländer sind bekannt für ihren guten Geschmack, vor allem in Bezug auf Einrichtung. So kann man in Den Haag stilvolle Möbel zu günstigen Preisen und seltene Designerstücke kaufen. Auch Kindersachen sind hier oft fröhlicher und individueller als in Deutschland.

Da Den Haag eine Stadt ist, die von Diplomaten, internationalen Juristen, Topmanagern und zahlreichen weiteren gut betuchten Bürgern geprägt ist, bietet sie sowohl im Zentrum als auch in den einzelnen Stadtvierteln für das kaufkräftige Publikum natürlich hervorragende Shoppingmöglichkeiten.

Öffnungszeiten

Generell gilt: Viele Läden in Den Haag öffnen morgens erst ab 10 Uhr. Am Montagmorgen sind die meisten Geschäfte im Zentrum sogar bis 12 Uhr geschlossen. Donnerstags ist „Kaufabend", die Läden sind dann bis 21 Uhr geöffnet. Sonntags kann man von 12 bis 17 Uhr shoppen. Auch am Ostermontag, Pfingstmontag und am zweiten Weihnachtsfeiertag sind viele Läden geöffnet.

Märkte

84 [D8] **De Boerenmarkt (Bio-Bauernmarkt)**, Lange Voorhout, Mi. 10–18 Uhr. Pilze aller Art, Schafsfelle, getrocknete Bohnen und Linsen und – wir sind ja im Land von Frau Antje – ganz viel Bauernkäse.

85 De Haagse Markt, De Heemstraat 301 (Parkgarage), Mo., Mi., Fr. und Sa. 9–17 Uhr, www.dehaagsemarkt.nl, Straßenbahn 6, 11 und 12, Haltestelle Haagse Markt. Größter Markt Europas mit rund 500 Ständen im Multikultiviertel Transvaal. Hier gibt es alles: Blumen und Töpfe, Pfannen und Kochlöffel, Obst und Gemüse, Computer und CDs, Jeans und Schuhe, Süßigkeiten und Fisch, Koffer und Uhren. Die Preise sind niedrig und das Angebot stammt aus aller Herren Länder.

86 [D8] **Kunst- und Antikmarkt,** Lange Voorhout, Mai–September, Do., So. 10–18 Uhr, Eintritt: frei. Kunst- und Antikliebhaber treffen sich donnerstags und sonntags am Lange Voorhout. Der ideale Ort, denn wo könnten alte Kostbarkeiten besser verkauft werden als an dem schönsten historischen Platz der Niederlande. Zwischen den Bäumen werden Kunst und Kitsch angeboten – von alten Büchern über Schmuck bis zu Opas Nachttopf.

Shoppingareale und Einkaufszentren

Wer H&M, Zara, Intertoys und die üblichen internationalen Ketten sucht, der kann sich in die kleine und sehr volle **Spuistraat** [C8/9] stürzen, die an Passage 8 und Haagsche Bluf (s. S. 76) angrenzt. Die großen Kaufhäuser wie Bijenkorf, Media Markt und Peek & Cloppen-

Chinatown

Wie fast jede große internationale Metropole hat auch Den Haag sein eigenes Chinatown. Das chinesische Viertel ist im Vergleich zu den Vierteln in New York oder San Francisco zwar ziemlich klein, aber nicht weniger chinesisch. Die Den Haager Chinatown liegt direkt hinter dem großen Warenhaus Bijenkorf (s. S. 81) zwischen Wagenstraat, Gedempte Gracht, Gedempte Burgwal, Bezemstraat, Rabbijn Maarsenplein und der Amsterdamse Veerkade.

Dort, wo heute das Leben brodelt, befand sich früher das **Judenviertel der Stadt.** Eine Gedenkplakette am Rabbijn Maarsenplein erinnert daran. Die meisten Haager Juden überlebten den Holocaust nicht, woraufhin viele Häuser dieses Viertels nach dem Ende des Zweiten Weltkrieges leer standen. Erst in den 1970er- und den 1980er-Jahren entschloss sich die Stadtverwaltung, das Viertel, in dem sich inzwischen viele Chinesen angesiedelt hatten, zu sanieren.

Seither ist Chinatown einer der **Hotspots von Den Haag.** Sie liegt sehr zentral und bietet hervorragende Shoppingmöglichkeiten, chinesische Frisier- und Massagesalons und natürlich exzellente chinesische Restaurants wie etwa das Lun Palace (s. S. 58). Am Rabbijn Maarsenplein findet man aber auch mehrere japanische, koreanische und vietnamesische Restaurants.

Die **Straßenschilder** Chinatowns sind zweisprachig – niederländisch und chinesisch – und zwei große typisch **chinesische Tore** machen den Ein- und Ausgang des Viertels auch architektonisch sichtbar. Die typisch roten chinesischen **Lampions** geben dem chinesischen Viertel eine ganz besondere Atmosphäre. Jedes Jahr wird in Chinatown das **chinesische Neujahr** mit einem wilden Drachentanz gefeiert.

Achten sollte man auch auf die Inschrift auf dem Gehsteig in der Gedempte Gracht/Ecke Wagenstraat [C9]. Dort steht auf chinesisch und niederländisch in Stein gemeißelt das chinesische Sprichwort „Eine Generation pflanzt den Baum, die nächste kann im Schatten dieses Baumes sitzen“.

burg liegen an der **Grote Marktstraat** [C9], wo sich Richtung Spui auch ein Einkaufs- und Unterhaltungscenter mit Kino angesiedelt hat.

Rund um die Wagenstraat [C9] liegt **Chinatown,** in dem sogar die Straßenschilder zweisprachig sind – niederländisch und chinesisch. Die rund 10.000 Chinesen, die in Den Haag leben, haben eine Vielzahl an Restaurants und Geschäften in Chinatown eröffnet, sodass man hier in einem Dim-Sum-Restaurant essen, eine chinesische Massage genießen, die wundersamsten Kräuter einkaufen und sich in Seide einkleiden kann.

Die alte, wunderschöne **Passage** 8, de Haagsche Bluf und die schöne kleine Fußgängerzone **Noordeinde** [C8] liegen sehr nah beieinander, daher kann man die drei Areale bei einem Einkaufsbummel gut miteinan-

Shoppingareale

Die wichtigsten Shoppingbereiche der Stadt sind im Kartenmaterial mit einer rötlichen Fläche markiert.

der verbinden. Hier befinden sich die exklusiven Geschäfte und auch sehr schöne Cafés, sodass einem aufregenden Shoppingtag nichts im Wege steht. Abzweigend von der Straße Noordeinde gibt es im sogenannten Hofkwartier viele kleine und individuelle Geschäfte (www.noordeinde.net).

De Haagsche Bluf [C8] ist eine kleine Einkaufszone, die nicht nur aufgrund ihrer – eher exklusiven – Geschäfte beeindruckt, sondern vor allem wegen der besonderen Architektur. Obwohl dieses Einkaufsviertel weitestgehend neu erbaut wurde, hat man alte und sehr verschiedene Stilelemente nachgeahmt und sie mit moderner Architektur kombiniert. Der Name „Bluf" entspricht dem *bluff* in der englischen Sprache und zeigt, dass es sich bei den schönen, alt wirkenden Gebäuden und den

Haagsche Bluf

Die kleine, aber sehr gemütliche **Einkaufszone** Haagsche Bluf [C8] liegt zwischen dem Dagelijkse Groenmarkt, der Vlamingstraat, Vennestraat und der Nieuwstraat. Sie wurde im Jahr 2000 eröffnet, nachdem ein ehemaliges Kino und einige Häuser an dieser Stelle abgebrannt waren.

Der Haagsche Bluf ist nicht nur eine **architektonische Hommage** an die Stadt, sondern auch ein spöttischer und selbstironischer Verweis auf die angebliche Mentalität der Einwohner Den Haags, denn anderswo in den Niederlanden werden die Den Haager gern als eingebildet und manchmal etwas hochnäsig verspottet. Es macht das Bonmot die Runde, dass Den Haager mit einem Geigenkasten unter dem Arm zum Kartoffelkaufen beim Gemüsehändler gehen. Schließlich wollen sie auf dem Weg dorthin als Künstler wahrgenommen werden.

Der „Bluff" am Haagsche Bluf sind die **Außenfassaden historischer Gebäude** aus Den Haag und Umgebung, die hier als schicke Fassade für die vielen Shops einfach **nachgebaut** wurden. Potemkinsche Dörfer könnte man sie nennen. Unter ihnen ist die Imitation des Page-Hauses, dessen Original aus dem Jahr 1618 an der Lange Voorhout steht, ebenso wie ein venezianischer Giebel und einige Fassaden aus dem nahe gelegenen Delft. Es ist also mehr Schein als Sein und der Name Haagsche Bluf passt daher wie die sprichwörtliche Faust aufs Auge zu diesem kleinen Shoppingareal mitten im Zentrum der Residenzstadt. „Haagsche Bluf" ist übrigens auch ein **süßes Dessert,** das aus geschlagenem Eiweiß und Fruchtsaft zubereitet wird.

Über dem Haagsche Bluf befindet sich die Haagsche Lounge, eine urgemütliche Dachterrasse, die einen nach der „shopping experience" zu einem kühlen Drink einlädt und auf der es sich auf jeden Fall zu verweilen lohnt.

Seit 2020 verbergen sich hinter den schönen Fassaden auch das **Collector Hotel** sowie die **Foodhallen.**

87 [C8] **Collector Hotel** €€, https://thecollectorhotel.com. Besticht durch seinen exzentrischen Einrichtungsmix aus Vintage, Art und Pomp.

88 [C8] **Foodhallen,** https:// foodhallen.nl/the-hague, So.–Do. 12–23.30, Fr., Sa. 12–1 Uhr. Hier kann man sich einmal rund um die Welt „futtern": von Malayisch über Vietnamesisch bis zu Italienisch und Tex-Mex.

verwinkelten Gassen im Haagsche Bluf eben um nichts anderes als „die Vortäuschung falscher Tatsachen" handelt. Am besten betritt man den Haagsche Bluf vom Dagelijkse Groenmarkt aus, denn von der anderen Seite, der viel besuchten Vlamingstraat ist er nur schwer zu erkennen.

Der sehr beliebte **Denneweg** ⓬, der an den Lange Voorhout ⓾ angrenzt, zeichnet sich durch schöne alte Häuser, vielseitige kleine Geschäfte und gute Restaurants aus.

Auch wenn man nicht unbedingt in Shoppinglaune ist – den Denneweg und seine zahlreichen Antiquitätengeschäfte sollte man nicht verpassen. Im Sommer laden die Restaurants mit ihren kleinen Terrassen zu einem Besuch ein.

Die **Frederik Hendriklaan** [B4/C3] ist eine schöne Einkaufsstraße mit kleinen, individuellen Geschäften und gemütlichen Cafés im Scheveninger Statenkwartier ㉕. Erreichbar ist sie mit dem Bus 24 (Haltestelle Frederik Hendriklaan). Weitere Infos erhält man im Internet unter www.defred.nl (auch in englisch).

Rund um den **Königlichen Palast** ⓭ befinden sich die exklusiven Geschäfte der großen Designer: Boss, Hilfiger, Marc Cain – um nur einige zu nennen. Aber auch Glasdesign von Iittala und niederländische Kunstwerke locken die eher betuchte Klientel.

Das größte Einkaufszentrum der Niederlande, die **Westfield Mall of the Netherlands,** lockt mit 250 Geschäften und Gastronomiebetrieben ins benachbarte Leidschendam, rund sieben Kilometer vom Den Haager Zentrum entfernt und mit den Straßenbahnlinien 2 und 6 gut angebunden. Die supermoderne, 2021 eröffnete Mall hat den gleichen Eigentümer wie das CentrO in Oberhausen.

89 Westfield Mall of the Netherlands, Liguster 202, 2262AC Leidschendam, https://nl.westfield.com/mallofthenetherlands, Mo. 11–20, Di.–Sa. 10–20, So. 12–18 Uhr, Parken gratis. Die riesige Mall ist ein Muss für alle Shopping-Liebhaber. Shop 'till you drop!

Geschäfte

Kulinarisches

90 [A4] **Bonbon-Atelier Westerbeek Sinds 1910,** Van Slingelandtstraat 121, Den Haag, Tel. 070 3507821, https://bonbonatelierwesterbeek.nl, Di.–Fr. 9–18, Sa. 9–17 Uhr. Ganz versteckt im Statenkwartier liegt dieser kleine Laden, in dem Nico Fernandes mit viel Liebe seine Pralinen herstellt. Nicht ganz günstig, aber ein Genuss.

91 [B4] **Kalkman,** Frederik Hendriklaan 149, Den Haag, Tel. 070 3551880, Mo.–Sa. 9–18 Uhr, Straßenbahn 17 (Haltestelle Willem de Zwijgerlaan), Bus 21 und 28 (Haltestelle Statenplein). Bis unter die Decke stapeln sich hier die riesigen Gouda-Räder. Es gibt den *kaas* in allen Reifegraden, aber auch französische und italienische Käsespezialitäten sowie das passende Knabberzeug. Empfehlung: Man sollte einen kleinen *boerenkaas* mit nach Hause nehmen. In seiner Wachsumhüllung hält er sich für einen längeren Zeitraum.

92 [C8] **'t Bakkertje,** Oude Molstraat 38, Den Haag, Nähe Noordeinde, Tel. 070 3460229, www.hetbakkertje.nl, Mo.–Sa. 7.30–17 Uhr So. 11–17 Uhr. Der traditionelle kleine Bäckerladen im Hofkwartier verkauft neben Focaccia, belegten Brötchen und Muffins auch einige Haager Spezialitäten: die Kaffeebonbons *Haagsche Hopjes, Haagsche Ooievaartjes* (leckere Rahmbutterkekse) und *Haagsche Kakkers* (Rosinenkuchen).

Genever, das niederländische Nationalgetränk

Genever – manche schreiben auch Jenever – ist das niederländische **Nationalgetränk** und wird nur in den Niederlanden, Belgien, dem nördlichen Frankreich um Lille, das einst zu den Niederlanden gehörte, und im deutschen Ostfriesland destilliert.

Die Niederländer trinken den Genever sowohl als **Aperitif** als auch als **Digestif.** Vor allem in Holland und Belgien gibt es den klaren Schnaps in vielen verschiedenen Varianten: Jonge Jenever, Oude Jenever, Korenwijn, um nur die drei bekanntesten Varianten zu nennen.

Jonge (junger) Jenever ist ein klarer Schnaps, der in der klassischen Zubereitungsweise aus Gerste, Roggen und Mais gebrannt wird. Zur geschmacklichen Abrundung wird auch Wacholder und manchmal Kümmel, Anis und Koriander hinzugefügt. Jede Destillerie hat ihr eigenes Rezept und ihre eigene Destillationstechnik, sodass jeder Genever anders schmeckt. Das Getränk hat mindestens 35 Volumenprozent Alkohol und wird in Holland meist in den berühmten Tulpengläsern ausgeschenkt.

Oude (alter) Jenever ist in der Regel leicht bräunlich, weil er oft karamellisiert wird. Er hat einen stärkeren Wacholder- oder Koriandergeschmack als der junge. **Korenwijn,** manchmal auch Corenwijn genannt, ist der König unter den Genevern und ideal zum holländischen „Nieuwe Haring".

Der junge und der alte Genever werden oft oder fast ausschließlich auf **Ethylalkoholbasis** hergestellt. Korenwijn hat mindestens 38 Volumenprozent Alkohol und kann sogar dunkelbraun sein, wenn er lange im Eichenfass gelagert wurde. Ein guter Korenwijn kann es geschmacklich mit einem Maltwhisky aufnehmen.

Wann der Genever zuerst in den Niederlanden destilliert wurde, steht nicht exakt fest. Es heißt, der Arzt Franziskus de le Boe Sylvius habe ihn 1650 erstmals hergestellt – aber nicht als Getränk, sondern als **Medizin.** Er gab ihm das französische Wort „genièvre" – für Wacholder. Die Briten haben aus dem niederländischen Genever ihren **Gin** gemacht.

Inzwischen gibt es auch noch „Zitronen-Genever" oder „Früchte-Genever" und sogar „Schokoladen-Genever". Diese Sorten enstehen durch den Zusatz von Aromastoffen.

Bekannte niederländische **Genevermarken** sind: Ketel 1, Bokma, Olifant, Hoppe, Henkes, Hartevelt und Claeryn. Sie kommen meist aus Schiedam (Rotterdam), Den Haag, Amsterdam, Leeuwarden (Friesland) und Leiden.

Eine der ältesten Destillerien in Den Haag aus dem Jahr 1842 ist die von Van Kleef auf dem Lange Beestenmarkt 109 im Süden der Stadt, dem alten Zentrum Den Haags. Dort wird seit 1842 aber nicht nur Genever hergestellt, sondern es werden auch andere alkoholische Getränke und Liköre destilliert.

Der Genever gehört in den Niederlanden zur Trink- und Kneipenkultur. Er wird meist in einem 4 cl fassenden Tulpenglas ausgeschenkt. Das Ritual des **Trinkens des ersten Schlucks:** Der Wirt schenkt das Glas wirklich bis zum Rand voll. Der Gast nimmt das Geneverglas nicht in die Hand, sondern beugt sich mit dem Mund über das Glas und trinkt, ohne dass er es mit der Hand berührt. Probieren Sie es aus! Die Niederländer lieben dieses Genever-Spielchen.

MEIN TIPP

Genever von Van Kleef

Man betritt den kleinen, von außen unscheinbaren Laden und fühlt sich in eine andere Welt bzw. in das Jahr 1842 versetzt. Fässer vom Boden bis unter das Dach auf der einen Seite, auf der anderen eine alte Ladentheke und dahinter zahlreiche Flaschen voller Hochprozentigem. Hier gibt es Genever, Korenwijn und Liköre in allen Geschmacksrichtungen – von Himbeere über Birne bis hin zu Kaffee. Gern darf man etwas probieren, noch besser aber ist, man meldet sich zur *proeverij,* zur Verkostung, an. Dann bekommt man von der Inhaberin Fleur Kruyt nicht nur ein paar Gläser Genever serviert, sondern auch eine Menge Informationen rund um das Getränk: Was der Unterschied zwischem altem und jungem Genever ist (der „Alte" ist nicht etwa ein paar Jahre länger gelagert, sondern wird nach altem Rezept hergestellt), wie er destilliert wird und warum Genever früher lebenswichtig war. Die Erzählungen von Fleur sind ein echter Genuss und dazwischen wird immer wieder mal das Glas erhoben: Prost! Auch werden die geschichtsträchtigen Apparaturen und Kessel erklärt, die im hinteren Teil des Ladens stehen und heute als kleines Museum dienen. Wer Den Haag von seiner charmanten Seite kennenlernen möchte, der ist bei Van Kleef gut aufgehoben.

93 [B9] **Van Kleef Destillerie und Museum,** Lange Beestenmarkt 109, Den Haag, Tel. 070 3452273, www.museumvankleef.nl, Di.–Sa. 10–18, So. 13–18 Uhr, Straßenbahn 2, 3, 4, 6, 17 (Haltestellen Brouwersgracht und Grote Markt) und Bus 25 (Haltestelle Grote Marktstraat). Eine Verkostung gibt es Fr., Sa. und So. ab 16,50 € pro Person (ab vier Personen) inklusive Brot, Tapenade und Oliven. Auch viele andere Arrangements sind möglich (Informationen auf der Website). Bitte vorher telefonisch reservieren und auch anmelden, in welcher Sprache man die Verkostung wünscht. Wer keine *proeverij* möchte, dem sei eine Flasche Genever in der traditionellen Steinflasche empfohlen.

Van Kleef: Hochprozentiges zum Probieren und Mitnehmen

011dh Abb.: mob

Kuriosa

94 [C8] **Drogerie Van der Gaag,** Dagelijkse Groenmarkt 27, Den Haag, https://drogisterijvandergaag.nl, Mo. 11–18, Di.–Sa. 9–18, So. 12–17.30 Uhr, Straßenbahn 17, Haltestelle Gravenstraat. Seit dem Jahr 1796 deckt sich hier ganz Den Haag mit allen möglichen Kräutern, selbst gemachten Cremes gegen Fußpilz, Deodorants, homöopathischer Medizin und Badesalzen ein. Eine wunderschöne alte Drogerie, die bis an die Decke gefüllt ist mit Krügen, Dosen, Tuben, Bottichen und Schalen. Unser Tipp: Man sollte unbedingt die leckeren Lakritz-Dropjes probieren.

95 [D2] **La Caldera,** Keizerstraat 17, Scheveningen, www.lacaldera.nl, Mi.–Sa. 10–18 Uhr, So. 12–17 Uhr. Ein Esoterikladen in der beliebten Keizerstraat von Scheveningen. Wer auf der Suche nach einem typgerechten Edelstein, einem ätherischen Öl oder ayurvedischem Produkt ist, der kann sich hier inspirieren lassen.

KURZ & KNAPP

Ein holländischer Osterbrauch: „Möbel suchen"

Am Ostermontag, der in Holland „tweede paasdag" (zweiter Ostertag) genannt wird, verschwindet Groß und Klein in den Möbelkaufhäusern. In den „Meubelboulevards" (zum Beispiel Megastores am Bahnhof Hollands Spoor) herrscht dann Hochbetrieb und die Konsumenten werden mit „aanbiedingen" (unwiderstehlichen Angeboten) gelockt. Aber auch in der Innenstadt ist viel los und der Antikmarkt (s. S. 25) an dem Lange Voorhout bietet Bücher, antiken Schmuck und alle möglichen anderen Dinge an, die man sonst nur bei Großmutter auf dem Dachboden findet.

Möbel, Porzellan, Accessoires

Man fährt nicht unbedingt zum Möbelkaufen ins Ausland. Dennoch gibt es in Den Haag ein paar wirklich sehenswerte Geschäfte, die holländisches Design und Möbel aus den 1950er-Jahren anbieten. Die Holländer haben im Allgemeinen einen guten Geschmack bezüglich ihrer Einrichtung und viele Möbelstücke sind hier einerseits ausgefallener, andererseits oft preisgünstiger als in Deutschland.

96 [B9] **Wempe en Wempe,** Buitenom 4, Den Haag, Straßenbahn 6 (Brouwersgracht), www.wempewempe.nl, Do.–Sa. 10–17 Uhr. Da hat man nun das schöne Porzellanservice von Oma zu Hause, aber ein paar Stücke fehlen leider. Kein Problem, denn bei Wempe en Wempe findet man bestimmt den fehlenden Unterteller oder die Tasse. Auch vollständige alte Service können hier ge- oder verkauft werden.

97 [C8] **Dille & Kamille,** Noordeinde 44, Den Haag, www.dille-kamille.com, Mo.–Mi., Fr., Sa. 9.30–18, Do. 9.30–21, So. 11–18 Uhr. Hier, mitten im Den Haager Zentrum, gibt es alles, was man zu Hause an Nützlichem und Liebenswertem gebrauchen kann: vom Teesieb über die Seife bis zum Tischtuch, vom Kräutertopf über Kerzen bis zur Kreidetafel – und das alles relativ günstig und in schönem Retrodesign.

98 [C8] **Hamilton,** Passage 9, Den Haag, Tel. 070 3463494, https://hamiltontobaccogifts.nl, Mo. 11–18, Di.–Fr. 10–18, Sa. 10–17.30 Uhr. Wie hieß noch mal das blau-weiße Porzellanmuster aus Holland? Genau, Delfter Blau. Und das gibt es bei Hamilton zu kaufen (noch mehr davon bekommt man natürlich in Delft 29). Darüber hinaus hat der Tabakladen in der Passage noch einige Den Haager Souvenirs und wunderschöne Segelbootmodelle im Angebot.

Mein Tipp

De Bijenkorf – einen Abstecher wert

De Bijenkorf („der Bienenkorb") ist ein klassisches Warenhaus mit Jugendstilfassade und einem eigenen Schneiderservice. Es beherbergt eine ganze Reihe von Topmarken wie Hugo Boss, Diesel, Armani und Karl Lagerfeld sowie eine eigene „Bijenkorf-Kollektion" und den attraktiven Imbiss- und Restaurantteil „La Ruche" im Obergeschoss. Hier gibt es holländische Spezialitäten wie die klassische Erbsensuppe ebenso wie feine asiatische Küche, Sushi und Sashimi, indonesisches Saté, italienische Pastagerichte sowie ständig wechselnde Grillspezialitäten zu bezahlbaren Preisen. Spezieller Service: Der „Personal Shopper", der den Kunden bei seinen Einkäufen berät und begleitet. Dieser Service wird aber nur den Inhabern der Bijenkorf Card gewährt, mit der man übrigens auch Rabatte bekommen kann. Der Bijenkorf ist für viele Niederländer der Inbegriff des modernen Kaufhauses und wird nach wie vor viel frequentiert. Von Kaufhauskrise ist hier keine Spur.

99 [C9] **De Bijenkorf,** Wagenstraat 32, Den Haag, www.debijenkorf.nl/denhaag, So., Mo. 11–19, Di., Mi., Fr., Sa. 10–19, Do. 10–21 Uhr

Bleiverglaste Fenster im Kaufhaus De Bijenkorf

013dh Abb.: mob

Mode und Schuhe

100 [C8] **Eduard Pelger,** Hoogstraat 16, Den Haag, Zentrum, www.eduardpelger.nl, Tel. 070 3644908, Mo. 12.30–18, Di.–Fr. 10–18, Sa. 10–17.30, So. 12.30–17 Uhr. Eduard Pelger verkauft Mode für den Herrn, vom Scheitel bis zur Sohle, vom Schuh bis zu Anzug und Krawatte. Hier lässt sich der echte Den Haager Herr einkleiden. Topmarken wie Van Bommel (Schuhe), Gant (Hemden), Paul & Shark.

101 [C9] **Hulshoff Design Center,** Spui 130, www.hulshoffonline.nl, Straßenbahn 1, Haltestelle Centrum, Mo. 13–17, Di.–Sa. 9.30–17.30, So. 12–17 Uhr. Neben dem Stadhuis befindet sich das Möbel- und Designgeschäft Hulshoff, das abgesehen von Sofas und Schränken auch niederländische Design-Klassiker anbietet, beispielsweise von Gispen. Wer genug geshoppt hat, kann sich im Möbelgeschäft mit einem Espresso stärken.

102 [A4] **Luna Azul,** Frederik Hendriklaan 265, Scheveningen, Tel. 070 3507069, Mo. 12–18, Di.–Sa. 9.30–18, So. 13–17 Uhr, Straßenbahn 17, Haltestelle Frederik Hendriklaan. Spanisches Flair in Den Haag. Im Luna Azul gibt es wallende Strandkleider, weite Blusen, Lederjacken – sommerliche Mode, die perfekt zu einem Tag am Strand passt und dabei nicht zu teuer ist.

103 [C8] **Oger Fashion,** Noordeinde 6, Den Haag, www.oger.nl, Mo. 12–18, Di., Mi., Fr., Sa. 9–18, Do. 9–21, So. 12–17 Uhr. Herrenmode vom Feinsten. Exklusiv wie die Kollektion sind auch die Preise. Beim Gründer Lusink Oger, der inzwischen außer am Gründungsdomizil in Amsterdam und in Den Haag auch in Rotterdam und der Modestadt Antwerpen vertreten ist, kauft die Upperclass der Niederlande ein. Während des Anprobierens wird Champagner oder auch Kaffee, Tee oder Wasser gereicht.

104 [D8] **One First Step,** Denneweg 21A, https://onefirststep-kids.com, Di.–Fr. 12–17.30, Sa. 11.30–17.30 Uhr. Hier gibt es Mode für Kids, u. a. der Marken Kenzo, Levis, G-Star und Tartine et Chocolat.

105 [C8] **Pauw,** Noordeinde 42, Den Haag, Di.–Sa. 10–18 Uhr. Typisch niederländische Mode für anspruchsvolle Frauen, eigener Stil, gute Qualität und Beratung.

106 [C8] **Purdey,** Noordeinde 11, Den Haag, www.purdey.nl, Mo. 12–18, Di.–Fr. 10–18, Sa. 10–17.30 Uhr. Wer in Den Haag beschließt, ins Konzert oder Theater zu gehen, aber das passende Outfit nicht dabei hat, kann das bei Purdey noch schnell erstehen. Hier gibt es Blusen, Röcke und Blazer zu einem bezahlbaren Preis.

Mein Tipp

Die Neue Haager Passage

Die Neue Haager Passage entstand nur einen Katzensprung von der alten 8 entfernt im Haupteinkaufsgebiet zwischen der Grote Marktstraat [C9] und der Spuistraat – also dort, wo sich das Shoppingpublikum tummelt.

Der Einkaufstempel, dessen offizieller Name **Nieuwe Haagse Passage** lautet, verteilt sich auf 10.500 m². Er beherbergt unzählige Läden und ein Hotel mit 118 Suiten. Mit der Neuen Haager Passage bekam die Hauptstadt des Friedens und des Rechts eine weitere architektonische Perle, in der man nicht nur seinen Shoppinggelüsten nachgehen, sondern auch verweilen und nächtigen kann.

107 [C9] **Nieuwe Haagse Passage,** www.depassage.nl, Mo. 12–18, Di., Mi., Fr., Sa. 10–18, Do. 10–21, So. 12–17 Uhr

014dh Abb.: ug

108 [C2] **Skihut,** Vissershavenweg 56, Scheveningen, Tel. 070 3542626, www.skihut.nl, So., Mo. 11–18, Di., Mi., Fr., Sa. 10–18, Do. 10–21 Uhr. Die Skihut am Scheveninger Hafen hat natürlich im Winter vorwiegend Skier, Snowboards und Skimode im Sortiment. Im Sommer gibt es hier auf 3000 m² Beach- und Surfmode vom Feinsten. Alle großen Marken wie Quicksilver, Protest, O'Neill und Billabong sind vertreten, aber auch Edelmarken wie Armani und Bogner.Rund um die Skihut finden sich noch weitere Shops, die sich auf Surfen und Segeln spezialisiert haben – der Strand ist nur ein paar Meter entfernt.

109 [C8] **The Sting,** Dagelijkse Groenmarkt 12, Den Haag, www.thesting.com, Mo. 11–19, Di., Mi., Fr., Sa. 9.30–19, Do. 9.30–21, So. 11–18 Uhr, Straßenbahn 17, Haltestelle Gravenstraat. The Network of Brands – so umschreibt sich das Kaufhaus Sting selbst. Es gibt hier auf zwei Stockwerken Mode für junge Leute. Was neben der Auswahl beeindruckt, ist das palastartige Gebäude mit der großen Glaskuppel, in dem auch ein Café untergebracht ist.

110 [C8] **Wolford,** Noordeinde 50A, Di.–Sa. 10–18, Mo. 13–18, Do. bis 21 Uhr. Strumpfhosen und Unterwäsche der österreichischen Marke Wolford.

Spielzeug

Wer auf der Suche nach Spielzeug ist, der kann sich in einer der vielen Bart-Smit- oder Intertoys-Filialen mit LEGO, Playmobil & Co. eindecken. Die unten genannten Geschäfte bieten dagegen etwas ausgefallenere Geschenke für kleine Abenteurer und große Puppenfans an.

111 [A4] **Kikkerkoning,** Aert van der Goesstraat 48, Scheveningen, Mo.

The Sting – Stil-Tempel mit Mode für junge Leute und Milchkaffee

12.30–18, Di.–Fr. 9–18, Sa. 9–17 Uhr. Zugegeben, im Kikkerkoning („Froschkönig") gibt es viele deutsche Marken, für die man nicht unbedingt nach Holland fahren muss. Aber das ist nicht alles: Auch knallbunte Gummistiefel, schöne Puppenhäuser, Krebsfangnetze, Kuscheltiere und Forscherutensilien haben hier ein vorübergehendes Zuhause gefunden.

Supermärkte

112 [D2] **Albert Heijn Scheveningen,** Keizerstraat 342, Scheveningen, Mo.–Sa. 8–22, So. 9–22 Uhr. Filiale der Supermarktkette in Scheveningen

113 [C9] **Albert Heijn Zentrum,** Grote Marktstraat 55a, Den Haag, tgl. 8–22 Uhr. Supermarktkette mit mehreren Filialen über die Stadt verteilt (Öffnungszeiten meist 8–21/22 Uhr).

Den Haag zum Durchatmen

Kaum scheint die Sonne und die Temperaturen steigen über fünf Grad, sitzen die Den Haager draußen im Freien. Die Terrassen der Cafés sind dann voll und alle Bänke besetzt. Den Haag ist mit seinen unzähligen Parks die grünste Stadt der Niederlande. Zu den größten Grünanlagen zählen der Haagse Bos im Nordosten und der Zuiderpark im Südwesten der Stadt. Doch zum Entspannen gibt es in Den Haag nicht nur Parks, sondern auch etwas, das die meisten europäischen Städte nicht zu bieten haben: einen kilometerlangen Strand. Jetzt muss man sich nur noch entscheiden – Park oder Strand?

Die Hofjes

Mitten in der Stadt sind kleine idyllische Orte versteckt: die **Hofjes** („kleine Höfe"). Von außen sind sie kaum zu erkennen, denn häufig trennt sie eine große, schwere Tür von der Außenwelt. Hinter der Tür ist die Welt aber noch in Ordnung: Rund um einen **malerischen Garten** reiht sich ein Häuschen an das andere. Mehr als ein **Wohn- und Schlafzimmer** haben darin nicht Platz, aber das reichte früher aus, denn diese Häuschen waren das Zuhause von **mittellosen Witwen.** Oft konnten sie umsonst in einem der Häuser wohnen, als Gegenzug erwartete man regelmäßigen Kirchbesuch und ein rechtschaffenes Leben. Inzwischen wohnen zwar auch **Künstler** und **Studenten** in den Hofjes, doch sind sie für eine ganze Familie einfach zu klein. In Den Haag gibt es noch heute 113 solcher Hofjes, unter anderem das **Hooftshofje** in der Assendelftstraat 53–89 (hier kann man unangemeldet mal einen Blick hineinwerfen) und an der Prinsesgracht das **Hofje van Nieuwkoop,** das größte Hofje der Niederlande. Um die Privatsphäre der Bewohner zu schützen, sind die meisten Hofjes nur an bestimmten Tagen (zum Beispiel am Open Monumentendag im September, www.openmonumentendag.nl) oder nach Voranmeldung zu besichtigen.

Doch nicht nur arme Witwen, sondern auch Arbeiterfamilien fanden in den Minihäusern ein Zuhause. So wurden die **Hofjes Om en Bij** in der gleichnamigen Straße von Arbeiterfamilien bewohnt. Auf 40 m² lebten zum Teil zwei Erwachsene mit acht Kindern! Die Hofjes Om en Bij liegen übrigens nicht versteckt hinter einer Türe und können daher auch besichtigt werden.

108dh Abb.: ug

In einem der Hofjes wird die ursprüngliche Tradition noch bewahrt: Im **Hofje van Wouw** (Lange Beestenmarkt 49–85) leben noch heute 15 alleinstehende Damen ab 50 Jahren, die nach strengen Kriterien ausgewählt wurden. Da sie alle über ein geringes Einkommen verfügen, zahlen sie nur eine sehr niedrige Miete. Das Hofje mit dem wunderschönen **Garten der Hesperiden,** in dem im Sommer auch Orangenbäume stehen, kann nur an wenigen Tagen im Jahr besichtigt werden. Es besteht jedoch die Möglichkeit, eine Führung zu buchen. Die derzeit „herrschende" Regentin dieses wunderschönen Hofjes, Jeanne Kamerling Onnes, organisiert gerne eine Besichtigung. Onnes ist eine direkte Nachfahrin der Gründerin Cornelia van Wouw, die das Hofje 1647 bauen ließ. In einem ruhigen und rustikalen Nebengebäude innerhalb des geräumigen mittelalterlichen Hofjes kann man auch in einzigartiger Atmosphäre seinen Geburtstag feiern (ebenfalls nur auf Anfrage).

› Infos über Hofje van Wouw u. Tage der offenen Tür bzw. Buchungsmöglichkeit für Führungen unter www.hofvanwouw.nl und www.detuinkamer.info (beide auch Englisch) bzw. Tel. 070 3644877

Parks

•**114 Japanischer Garten,** Van Alkemadelaan, Den Haag, Bus 18 und 23, Haltestelle Clingendael, Mai–Mitte Juni und Oktober 9–20 Uhr, Eintritt frei. Der japanische Garten im Park des Landgutes Clingendael verdankt seine Entstehung der Gutsherrin Marguerite M. Baronesse van Brienen (1871–1939). Nach mehreren Japanreisen legte sie 1911 diesen Garten an und ließ dort ein Teehaus, Bäche mit Brücken und einen kleinen

Der Westbroekpark (s. S. 86): 20.000 Rosen bieten die perfekte Kulisse für ein Picknick

Teich und Sitzecken anlegen. Sie schuf damit ein echtes Juwel japanischer Gartenkunst. Weil der japanische Garten geschont werden soll, ist er nur ein paar Wochen im Jahr für die Öffentlichkeit zugänglich.

•115 [C7] **Palastgarten (Paleistuin),** Eingang über Prinsessewal, Den Haag, Straßenbahn 16, Haltestelle Noordwal. Direkt hinter dem königlichen Palast Noordeinde liegt der Palastgarten, der nun als öffentlicher Park frei zugänglich ist. Diente der ehemalige „Prinzessinnengarten" vor langer Zeit der Erholung der Königsfamilie, so ist er heute eine grüne Oase mitten in der Stadt. Hier absolviert auch Frau Chan jeden Morgen ihre Tai-Chi-Übungen.

•116 [C5] **Sorghvliet-Park,** Scheveningse Weg, Straßenbahn 1, Haltestelle Ary v. d. Spuyweg. Eine kleine Oase mit einer wunderbaren Ruhe. Nicht umsonst heißt Sorghvliet „den Sorgen entfliehen". Wer die Mühe und das Geld nicht scheut, kann sich bei einer Touristeninformation eine Jahreskarte für den Sorghvliet-Park holen. Sie kostet um die 7,50 € und ermöglicht drei Personen den Zutritt. Hinter den Mauern des Parks wartet dann ein kleines Paradies. Hier dürfen keine Sportler joggen, keine Hunde bellen, keine Kinder lärmen. Die Ruhe ist perfekt.

•117 [E3] **Westbroekpark,** Nieuwe Duinweg, Straßenbahn 9 (Haltestelle Nieuwe Duinweg), Bus 21 (Haltestelle Nieuwe Parklaan), Eintritt frei. Im Westbroekpark gibt es für Kinder eine große Spielwiese, einen Bootsverleih mit Kiosk und einen Spielplatz mit Seilbahn, Rutschen und Schaukeln. Das Prunkstück des Parks ist aber das Rosarium, ein Rosengarten, in dem von Juni bis Oktober 20.000 Rosen in rund 300 Beeten blühen. Anfang Juli wird die schönste Rose gekürt.

•118 **Zuiderpark,** Straßenbahn 9, Haltestelle Zuiderpark, Eintritt frei, www.zuiderparkdenhaag.nl. Der größte Park Den Haags ist ein wahres Ausflugsziel. Im Sommer treffen sich hier ganze Familienclans zum Grillabend, Sportler joggen oder skaten durch die Alleen, große Grasflächen locken Sonnenhungrige ins Freie, Tiergehege und ein Kinderbauernhof sind für die Kleinsten der Renner. Im Sommer finden zudem eine Menge Veranstaltungen statt (z. B. Parkpop).

104dh Abb.: ug

MEIN TIPP

Mit Bus und Straßenbahn zum Strand

Scheveningen Nordstrand (Noorderstrand/Zwarte Pad):

Kurhaus und Boulevard, Strandabschnitt Zwarte Pad und Beginn der Dünenlandschaft Richtung Wassenaar

- Straßenbahn 1: vom Bahnhof Hollands Spoor über das Zentrum nach Scheveningen Noorderstrand
- Straßenbahn 9: Bahnhof Hollands Spoor über Centraal Station (Zentralbahnhof) [E9] und Zentrum nach Scheveningen Noorderstrand
- Bus 21: durch den westlichen Teil von Den Haag und das Statenkwartier nach Zwarte Pad

Scheveningen Strandweg

- Straßenbahn 11: vom Bahnhof Hollands Spoor vorbei am Haagse Markt nach Scheveningen Hafen und Strand

Scheveningen Südstrand (Duindorp)

- Straßenbahn 12: vom Bahnhof Hollands Spoor nach Scheveningen Südstrand (Man muss erst durch die Dünen laufen, doch dafür ist der Strand ruhiger als am Boulevard!)
- Bus 22: von Centraal Station über das Zentrum, Madurodam, Kurhaus bis zum Dünengebiet von Duindorp

Strandbad Kijkduin

- Bus 24: von Centraal Station (Zentralbahnhof) [E9] über Zentrum und Statenkwartier nach Kijkduin
- Bus 26: vom Bahnhof Hollands Spoor nach Kijkduin – direkt zum Strand

Der Japanische Garten von Den Haag (s. S. 85) ist eine Augenweide

Onkel Jan, der „strandjutter"

Ca. 100 m vom NH Atlantic (s. S. 123) in Richtung Scheveningen steht mitten in den Dünen von Kijkduin ein **Bauwagen.** Dort herrscht „Ome Jan" über alte Bojen, Hölzer und Plastikspielsachen. All diese Dinge sind **Strandgut,** wurden also am Strand angespült und von „Onkel Jan" gesammelt. Aus dem Holz baute er den Bauwagen, die Stühle und Tische. Im Bauwagen selbst gibt es **eine Art Museum:** Hier werden alle Kuriositäten gesammelt, die im Laufe der Jahre am Strand angeschwemmt wurden. Netze, Lampen, Schuhe, Uhren, Schlüssel, eine alte Grammophonplatte mit Kirchenliedern, Knochen und sogar ein Päckchen „Kokain", das sich als Backpulver herausstellte. Bei Südwestwind kommen die seltsamsten Dinge an, erzählt Ome Jan. Dann tauchen Gegenstände aus Frankreich und England auf, wie zum Beispiel eine englische Lockente.

Die Idee zu diesem Museum hatte Ome Jan, nachdem er die Garnelenfischerei aufgegeben hatte. Nun widmete er sich ganz seinem Hobby, dem „strandjuttern" oder besser gesagt dem Strandgutsammeln.

Die Leidenschaft hat er von seiner Mutter, die nach jedem größeren Sturm mit einem Metalldetektor den Strand nach wertvollen Gegenständen absuchte. Sonntags ist Ome Jan von 12 bis 17 Uhr an seinem Bauwagen in den Dünen. Mit vier freiwilligen Mitarbeitern gibt er Kurse im „strandjuttern" oder erzählt seine Geschichten vom Meer, den Dünen und all dem, was sich dort so finden lässt (https://denhaag.com/de/strandraeuberbude-in-kijkduin).

Strände

Zu Den Haag gehören drei große Strandbäder: Scheveningen, Kijkduin und Wassenaar. Das Strandbad, das von der Innenstadt am schnellsten und einfachsten zu erreichen ist, ist **Scheveningen** (s. S. 37). Von der Innenstadt führen Straßenbahn (Linie 1, 9 und 11) und Bus (Linie 22) direkt an den Strand.

Ein weiteres Seebad ist das im Südwesten von Den Haag gelegene **Kijkduin** (erreichbar mit dem Bus 24). Im Winter sieht man hier hauptsächlich Senioren, im Sommer tummeln sich Familien am Strand, denn direkt hinter den Dünen liegt der große Campingplatz Kijkduinpark, der neben Stellplätzen für Zelte und Wohnwagen auch Dünenvillen vermietet. Am Strand reiht sich ein *strandtent* (ein Strandrestaurant) an das andere und wirbt mit Pfannkuchen und Pommes, Pizza und Steak um die Gunst der Touristen. Auch ein kleines Einkaufszentrum gibt es, in dem man Strandausrüstung, Bademode, Zeitungen und vieles andere bekommen kann. Kinder kommen in Kijkduin voll auf ihre Kosten: Direkt an der Promenade gibt einen kleinen Leuchtturm und ein Schiff, auf dem sie turnen können. In den nördlichen Dünen liegt die „Strandräuberhütte" von „Ome Jan", die vom Boden bis zur Decke mit Strandgut gefüllt ist. Hier wird alles aufbewahrt, was am Strand gefunden wurde. Auch im Winter lohnt sich ein Abstecher nach Kijkduin, denn dann liegen Hunderte von bunten Lichtkugeln in den Dünen und tauchen die Landschaft in eine zauberhafte Stimmung. Kijkduin hat sich in den letzten Jahren völlig verändert. Nachdem es früher eher ruhig und beschaulich zuging, sorgen viele Neubauten und die neu gestaltete Strandpromenade nun für Trubel. Im einzigen Hotel am Platze, dem Viersternehotel NH Atlantic (s. S. 123) direkt am Strand, wurden 2024 vorübergehend Geflüchtete untergebracht, was teilweise heftige Kritik unter den Bewohnern des Seebads auslöste. Der Strand allerdings ist durch Aufspritzen von neuem Sand breiter, größer und schöner geworden. Im Grunde ist Kijkduin inzwischen eine Art Mini-Scheveningen.

Etwas außerhalb von Den Haag liegt der Nobelvorort **Wassenaar.** Hier wohnen Prinz Willem-Alexander, seine Frau Máxima und ihre drei Töchter. Aus den parkähnlichen Grundstücken ragen die weißen Villen hervor, in den Auffahrten stehen die teuren Schlitten und man wohnt stilvoll in einem waldreichen Gebiet mit Golfplatz und Reitverein. Von dieser sehr edlen und teuren Wohngegend führen Wege durch den **Wassenaarse Slag**, ein zauberhaftes Dünengebiet, an den 8 km langen und relativ ruhigen Strand. Vier Strandpavillons und ein Restaurant versorgen die Sonnenanbeter mit Pommes, Eis und kühlen Getränken (Bus 468, Parkplatz kostenpflichtig).

Aktuelle Termine

Mehr Infos zu Veranstaltungen und Terminen in Den Haag gibt es im Internet unter folgenden Adressen:

- www.denhaag.com/de/kalender (deutsch)
- www.niederlande.de (deutsch)
- www.scheveningen-strand.de

Blick auf Scheveningen vom Südstrand aus gesehen

Beim Neujahrsschwimmen wird das neue Jahr mit einem beherzten Sprung in die eiskalte Nordsee begrüßt

Zur richtigen Zeit am richtigen Ort

Januar

- **Neujahrsschwimmen:** Der in Holland heiß geliebte Würstchenfabrikant Unox veranstaltet im ganzen Land das Neujahrsschwimmen – so auch in Scheveningen. Inzwischen machen das jedes Jahr mehr als 10.000 Menschen. Anschließend gibt es Erbsensuppe zum Aufwärmen. Ganz harte Den-Haag-Besucher können sich also am 1. Januar hier ins eiskalte Nordseewasser stürzen.
- **Hollands Dans Festival:** Alle zwei Jahre (in geraden Jahren) findet 18 Tage lang das bedeutendste Tanzfestival der Niederlande statt – mit mehr als 70 Aufführungen, 100 Workshops und einer großen Tanzparade (www.holland-dance.com).

Februar

- **Eislaufen** auf zugefrorenen Grachten – wenn das Wetter mitspielt
- **Chinesisches Neujahrsfest:** inzwischen eines der Highlights im Haager Veranstaltungskalender und viel populärer als Karneval. Der Drachentanz und das Feuerwerk locken jedes Jahr Mitte Februar

177dh Abb.: ©The Hague & Partners, Arjan de Jager

Tausende nach Chinatown. Das genaue Datum richtet sich nach dem chinesischen Mondkalender.

März

- **Movies that Matter:** Kaum ein Festival könnte besser zur Stadt von Friede und Recht passen als das von Amnesty International initiierte Film-Festival Movies that Matter. Zehn Tage lang werden im Spui-Theater und im Filmhuis Den Haag rund 70 Spiel- und Dokumentarfilme aus aller Welt gezeigt. Die sehr bewegenden Filme zum Thema Menschenrechte sind überwiegend in englischer Sprache oder mit englischen Untertiteln (www.moviesthatmatter.nl).
- **City-Pier-City-Lauf:** Der Halbmarathon ist ein alljährliches Spektakel, bei dem die Läufer von der Innenstadt bis zum Pier (21) von Scheveningen und wieder zurück laufen. Auch ganze Schulen laufen hier mit, allerdings nur einen Teil der Strecke. Während des Marathons ist die Innenstadt für Autoverkehr gesperrt (www.nncpcloopdenhaag.nl).

Filme, die bewegen und im Gedächtnis bleiben: das Festival Movies that Matter

April

- **Ostermärkte:** Antikmarkt am Ostersonntag und -montag an der Lange Voorhout (10), Ostermarkt am Paleisplein [F2] in Scheveningen
- **Life I Live Festival:** Am 26. April, in der Nacht zum Königstag, steht Den Haag ganz im Zeichen des Life I Live Festivals. Gratis kommt man an sieben verschiedenen Plätzen in der Den Haager Innenstadt in den Genuss von Livemusik. Von Pop bis Rock, von Jazz bis Soul ist alles dabei (http://lifeilive.nl).
- **Königstag**: Am 27. April gibt es einen großen Jahrmarkt rund um den Binnenhof sowie verschiedene Flohmärkte.

Mai

- **Befreiungsfest:** Am 5. Mai findet rund um den Spuiplein ein Festival anlässlich der Kapitulation des Deutschen Reichs in den Niederlanden 1945 statt. Geboten wird Theater, Literatur, Kabarett, Musik und vieles mehr (festivaldenhaag.nl).
- **North Sea Regatta:** Am Pfingstwochenende wird die Nordseeregatta im Meer vor Scheveningen ausgetragen (www.nsr.nl).
- **Tong Tong Fair:** Das größte euroasiatische Festival in Europa, ein Kunst-, Kultur- und kulinarisches Spektakel auf dem

109dh Abb.: ©Movies that Matter Festival

Malieveld im Herzen Den Haags mit Hunderttausenden von Besuchern. Hier gibt es balinesische Tänzerinnen, Indo-Rock, Vorlesungen, Vorträge, Spirituelles, Massagen, Wahrsager – absolut einen Besuch wert (www.tongtongfair.nl).

Juni

- **Vlaggetjesdag:** Die Niederländer feiern ihren Hering! Am Vlaggetjesdag, Anfang oder Mitte Juni, fahren die Schiffe in den Hafen ein: Mit an Bord haben sie das „Sushi der Holländer": den ersten, butterzarten Hering der Saison, den „Hollandse Nieuwe" (www.vlaggetjesdag.com). Rund um dieses große Ereignis feiert Groß und Klein bei Shantymusik, altholländischen Kinderspielen, Puppentheater und einer Show der Rettungsbrigade. Der Vlaggetjesdag ist *das* Ereignis in Scheveningen.
- **Festival Classique:** Im Juni dreht sich eine Woche lang alles um die klassische Musik. Austragungsorte des Festivals sind der Pier 21, das Kurhaus 20 und der Boulevard von Scheveningen (www.festivalclassique.nl).
- **Parkpop:** Das Festival im Den Haager Zuiderpark (s. S. 86) ist eines der größten und ältesten Open-Air-Festivals der Niederlande und findet am letzten Sonntag im Juni statt (www.parkpop.nl).
- **Veteranentag:** Die Veteranen der Niederlande gedenken ihren gefallenen Kameraden und präsentieren sich mit Musik, Ehrenparade und Gedenkreden (www.veteranendag.nl).

Juli

- **„De Parade"-Theaterfestival** im Westbroekpark: Das Theaterfestival reist den ganzen Sommer lang kreuz und quer durch die ganzen Niederlande und macht immer auch in Den Haag Station. Geboten werden internationales Tanztheater und Kabarett, dazu Musik mit DJs, Tango-Abende, eine lebende Jukebox etc. (www.deparade.nl).

August

- **Grachtenjazz:** Ein Wochenende lang werden in den Grachten Den Haags Jazzkonzerte gegeben. Doch nicht die Zuschauer gehen von einem Konzert zum anderen, es ist genau andersrum: Die Zuschauer sitzen bei einem Glas Wein vor den Bars und Restaurants und die Jazzmusiker ziehen auf den Straßen an ihnen vorbei (www.jazzindegracht.nl).
- **Milan Summer Festival:** Festival vor allem rund um indische und Hindu-Kultur. Geboten werden z. B. Tanz, Tandori-Hähnchen und andere leckere Häppchen der indischen Küche sowie ein Basar, auf dem man sich auch mit indischem Schmuck und Kleidung eindecken kann (www.milansummerfestival.nl).

September

- **Prinsjesdag:** Am dritten Dienstag im September eröffnet König Willem-Alexander das parlamentarische Sitzungsjahr. Aus diesem Anlass fährt er – von der Menge umjubelt (Kinder haben an diesem Tag schulfrei!) – mit der gläsernen Kutsche durch die Stadt (s. S. 15).
- **Drachenfestival:** Am Strand von Scheveningen steigen Ende September die Drachen in die Lüfte. Von kleinen, flinken Turbofliegern bis hin zu großen Luftungetümen sind sie alle da und setzen bunte Tupfen in den Himmel rund um das Kurhaus 20.

Oktober

- **Museumsnacht Den Haag:** Mit einem bunten Programm öffnen die Den Haager Museen den Besuchern ihre Pforten auch zu nächtlicher Stunde. Das aktuelle Programm mit genauem Termin

178dh Abb.: ug

und eine Liste der fast vierzig beteiligten Institutionen finden sich unter www.museumnachtdenhaag.nl.

November

- **Ankunft Sinterklaas:** Die Niederlande sind im Nikolausfieber und das ist jedes Jahr ein großes Spektakel, insbesondere für Kinder. St. Nikolaus kommt Mitte November mit dem Boot im Hafen von Scheveningen an, wo er jedes Jahr von Tausenden begrüßt wird.
- **Crossing Border Festival:** eines der bedeutendsten europäischen Festivals rund um Musik und Literatur (www.crossingborderfestival.nl)

Dezember

- **Cool Event Scheveningen** vor dem Kurhaus 20. Eine 550 m² große Kunsteisbahn lädt zum Schlittschuhlaufen ein, tagsüber mit vielen Kinder und abends ganz romantisch. Schlittschuhe können vor Ort geliehen werden. Heißen Kakao und Glühwein gibt es in den Cafés und Kneipen drumherum (Infos: www.cool eventscheveningen.nl).
- **Weihnachtszirkus:** Um die Weihnachtsfeiertage herum trifft man Groß und Klein im Zirkuszelt auf dem Malieveld [E8], wo Clowns und Tiger den Feiertagen Spaß und Spannung verleihen.

Im November kommt Sinterklaas in Scheveningen an und wird gebührend begrüßt

Feiertage

In der Provinz Süd-Holland, zu der Den Haag gehört, werden die christlichen Feiertage nicht in dem Umfang gefeiert wie zum Beispiel in Deutschland. Karfreitag ist beispielsweise kein gesetzlich anerkannter Feiertag und auch der 1. Mai ist kein Feiertag.

Feiertage sind:

- Neujahr (1. Januar)
- Ostersonntag und Ostermontag (viele Geschäfte sind aber am Ostermontag offen)
- Koningsdag (27. April, wenn der Königstag auf einen Sonntag fällt, wird er verschoben)
- Pfingstmontag
- Himmelfahrt
- Weihnachten (25. und 26. Dezember)

003dh Abb.: dhm

Den Haag oder 's-Gravenhage („Stadt des Haager Grafen")? Das ist die Frage, die sich manche noch stellen. Dabei ist sie eigentlich längst beantwortet, denn Den Haag hat sich als Bezeichnung längst eingebürgert. Nicht zuletzt deshalb, weil es weniger sperrig und leichter auszusprechen ist als 's-Gravenhage (auch wenn es sich dabei immer noch um eine amtliche Bezeichnung für die Stadt handelt). Den Haag ist die mondänste Stadt der Niederlande, Residenz des Königs, Regierungssitz, Stadt der internationalen Gerichtshöfe und zahlreicher anderer internationaler Organisationen sowie Hauptsitz vieler internationaler Firmen wie dem Ölkonzern Royal Dutch Shell und der Versicherung Aegon.

Den Haag – ein Porträt

Es gibt zwei Möglichkeiten, sich Den Haag zu nähern. Die erste führt über die Nordsee, die zweite über den Landweg – mit dem Auto über die Straße, per Bahn auf der Schiene oder sogar mit dem Fahrrad durch die Polderlandschaften. Mit dem Schiff kommend legt man im schönen Scheveningen an, aber auch die Anfahrt per Auto hat ihre Reize – immer vorausgesetzt, man fährt nicht zur Hauptverkehrszeit.

War Den Haag vor dem Zweiten Weltkrieg noch eine relativ „flache" Stadt, so wuchs sie danach rasant in die Höhe. Der Grund lag in den vielen **Neuankömmlingen aus den Kolonien,** für die Wohnraum geschaffen werden musste. Zudem wurden im Krieg rund 8000 Häuser zerbombt, weshalb rund 25.000 Den Haager auf Wohnungssuche waren. Als Stadtplaner wurde **W. M. Dudok** engagiert, der ganze Stadtteile neu erschuf und sie nach folgender Berechnung aufteilte: 40 Prozent der Fläche standen für Wohnungen zur Verfügung, 20 Prozent für Grünflächen, 30 Prozent für Straßen und Plätze und 10 Prozent für öffentliche Gebäude. Fabriken und Büroräume wurden in diesen neuen Vierteln nicht vorgesehen. Ein Bauboom veränderte die Skyline Den Haags. Berühmte Architekten wurden engagiert, um der Stadt ein neues Antlitz zu geben.

Wenn man vom Prins Clausplein kommend über die Utrechtsebaan (A12, Stadtautobahn) in Richtung Norden fährt, offenbart sich dem Autofahrer die **einzigartige Skyline** 18 von Den Haag (am schönsten in der Abendsonne). Der Brückenbogen des Versicherungskonzerns ING – Nationale Nederlanden überspannt die Stadtautobahn wie ein moderner Ponte Vecchio. Darüber thronen die beiden knallblau funkelnden Türme des niederländischen Gesundheitsministeriums. Sie sind inzwischen ein Wahrzeichen Den Haags und haben den Spitznamen „Haagse Tieten" erhalten, was wohl nicht übersetzt werden muss. Die **„Die Haager Titten"** wurden vom US-Stararchitekt Michael Graves entworfen – offiziell heißt das Gebäude **Castalia.** Graves und andere renommierte Architekten haben die Stadt in den zurückliegenden Jahren fundamental verändert. Rund um den Hauptbahnhof entstanden noch weitere neue Hochhäuser, in denen meist Ministerien residie-

Vorseite: Die Möwe hat wenig Respekt vor Willem van Oranje

ren. Hierzu gehören z.B. der **Hoftoren** („Hofturm"), mit 142 m Höhe das dritthöchste Gebäude Den Haags und von der Bevölkerung „de Vulpen" („der Füller") genannt, und der 88 m hohe **Zurichtoren**, im Volksmund als „Citruspers" („Zitronenpresse") bekannt.

Der amerikanische Architekt Richard Meier konstruierte das neue Den Haager **Rathaus** 16 am „Het Spui", das in seiner ganz weiß gehaltenen Pracht ein wahrer Augenschmaus ist. Von hier aus öffnet sich die Stadt für den Besucher zu allen Seiten. Im Norden liegen Regierungsviertel (Binnenhof), Buitenhof, Plein, Plaats, Noordeinde, Denneweg und Frederikstraat. Im Osten der Hauptbahnhof, von dem aus man auch bequem zum Rathaus laufen kann. Auch die bekanntesten Museen wie das Mauritshuis 2, Panorama Mesdag, der Gevangenpoort, das Historische Museum und das Museum Escher sind von hier aus zu Fuß schnell zu erreichen.

Im Westen beginnt Chinatown und im Süden der Haagse Campus, das Universitäts- und Studentenviertel, das hinter dem zweiten großen Bahnhof der Residenzstadt, dem „Hollands Spoor", neu gestaltet wurde. Es entwickelt sich mehr und mehr zu einem echten Haager Studentenviertel mit Campus, Bars, Kneipen und Restaurants.

Alt und neu: Mauritshuis 2 und Den Haager Skyline

Den Haag in Zahlen

- **Gegründet:** 1230
- **Einwohner:** ca. 565.000
- **Bevölkerungsdichte:** 5757 je km^2
- **Fläche:** 98,13 km^2 (Land 82,69 m^2, Wasser 15,44 m^2)
- **Höhe ü. M.:** teils unter, teils ein wenig über dem Meeresspiegel
- **Stadtbezirke:** acht Stadtteile
- **Regierungssitz** der Niederlande
- **Stadt des Friedens und des Rechts**

Von den Anfängen bis zur Gegenwart

Eigentlich heißt Den Haag gar nicht Den Haag, sondern 's-Gravenhage, was so viel bedeutet wie „Stadt des Haager Grafen". Viele Einwohner nennen ihre Stadt auch immer noch so, wenn sie betonen wollen, dass sie in der Residenzstadt der Niederlande bzw. „de Residentie" wohnen.

Den Haag hat den Status einer Residenzstadt, weil seit 1229 die Statthalter von Oranien-Nassau hier lebten und „regierten". Seit 1831, nachdem die französischen Besatzer (1795–1813) die Niederlande zum Königreich erhoben hatten, ist Den Haag auch der offizielle Wohnsitz des niederländischen Königshauses. Die Den Haager verwenden aber bereits seit 1602 offiziell den Namen 's-Gravenhage, denn bevor die Niederlande zum Königreich wurden, waren die holländischen Herrscher Grafen oder „Statthalter". 1648 wurde aus den Niederlanden eine unabhängige Republik, was im Westfälischen Frieden zu Münster und Osnabrück vertraglich besiegelt wurde.

Den Haager Geschichte auf einen Blick

11. Jahrhundert: Dort, wo sich das heutige Regierungszentrum Den Haags, der Binnenhof, befindet, gibt es bereits ein Dorf.

1248: Graf Willem II. von Holland lässt ein Schloss erbauen. Unter anderem entsteht der historische Rittersaal, wo am „Prinsjesdag", dem dritten Dienstag im September, der König mit seiner Gläsernen Kutsche vorfährt und die alljährliche Thronrede verliest, mit der sie das neue parlamentarische Jahr eröffnet.

14. Jahrhundert: In de Haghe, wie Den Haag damals hieß, lassen sich die Grafen von Holland fest nieder.

15. Jahrhundert: Die holländischen Statthalter – der bekannteste war Johann Moritz von Nassau – bauen ihre Residenzstadt Den Haag aus.

1560: Den Haag bekommt ein Rathaus, es wird eine steinerne Stadtbefestigung genehmigt. Diese wird jedoch nicht rechtzeitig fertiggestellt, um die Bevölkerung vor den Bedrohungen des 80 Jahre dauernden Befreiungs- und Religionskrieges gegen die spanischen Habsburger zu schützen (1568 bis 1648).

1648: Nach dem Frieden zu Münster und Osnabrück, der in den Niederlanden den Achtzigjährigen Krieg und in Deutschland den Dreißigjährigen Krieg beendete, wird Den Haag feste Residenz der Statthalter der Republik der Vereinigten Niederlanden, die erstmals international als unabhängiger Staat anerkannt wird.

17. Jahrhundert: Das Goldene Zeitalter der Niederlande bringt Reichtum und Wohlstand für viele niederländische Bürger. Johann Moritz von Nassau lässt das Mauritshuis (2) und edle Stadtpaläste bauen. Ein Teil dieser Architektur ist bis heute erhalten geblieben.

1806: Die Stadt erhält von König Ludwig Bonaparte während der Besatzung durch Frankreich die Stadtrechte.

1914–1918: Die Niederlande sind während des Ersten Weltkriegs neutral und bleiben von den Kriegshandlungen verschont.

1940: Nazi-Deutschland überfällt am 10. Mai die Niederlande. Den Haag wird besetzt. Die Niederlande kapitulieren am 15. Mai. Arthur Seyß-Inquart wird als Reichskommissar für die besetzten Niederlande eingesetzt. Der Widerstand gegen die deutschen Besatzer wächst. Viele Widerstandskämpfer werden nach ihrer Enttarnung und Verhaftung von den Nazis in das Gefängnis im Stadtteil Scheveningen gesperrt, das den Spitznamen „Oranje-Hotel" erhält, weil es als Ehre

Der goldene Brunnen im Zentrum des Binnenhofs ❶

gilt, hier eingesperrt zu sein. Auch der mutmaßliche Doppelagent „King Kong," ein Niederländer, der sowohl für Nazi-Deutschland als auch für den niederländischen Widerstand spionierte, sitzt hier ein. Heute befindet sich in diesem Gefängnis die UN Detention Unit, in der Kriegsverbrecher aus den Balkankriegen einsitzen.

3. März 1945: Britische Flugzeuge sollen die Abschussrampen der in Den Haag stationierten deutschen V2-Raketen bombardieren. Durch einen Navigationsfehler zerstören die Bomben das Wohnviertel Bezuidenhout. Etwa 500 Menschen sterben.

1945 bis heute: Große Teile der Haager Innenstadt werden tiefgreifend modernisiert. Die Stadt erhält ein neues Zentrum, dessen Mittelpunkt das von dem amerikanischen Stararchitekten Richard Meier erbaute Rathaus ist.

2006: Im März stirbt der frühere jugoslawische Staatspräsident Milošević in seiner Zelle an Herzversagen.

2008: Der einstige Präsident der Republika Srpska in Bosnien, Radovan Karadžić, wird verhaftet und in die UN Detention Unit überstellt.

2011: Auch Ratko Mladić, dem u. a. das Massaker von Sarajevo zur Last gelegt wird, steht in Den Haag vor Gericht.

2013: Seine Majestät Willem-Alexander und Ihre Majestät Máxima werden König und Königin der Niederlande.

2016: Radovan Karadžić wird wegen Völkermordes in Srebrenica und Sarajewo vom UN-Kriegsverbrecher-Tribunal zu einer 40-jährigen Haftstrafe verurteilt. Der serbische Ultranationalist Vojislav Šešelj dagegen wird freigesprochen.

2017: Der Kriegsverbrecher Slobodan Praljak wird zu 20 Jahren Haft verurteilt und tötet sich noch im Gerichtssaal mit Gift. Ende November beendet der Internationale Strafgerichtshof für das ehemalige Jugoslawien seine Arbeit.

2018: Scheveningen feiert sein 200-jähriges Bestehen als Badeort.

2020: Die Feierlichkeiten zum 75-jährigen Bestehen der Vereinten Nationen werden aufgrund der Corona-Krise abgesagt.

2021: Das neue Kulturzentrum Amare (s. S. 73) wird eröffnet.

2023: Beginn der Renovierung des historischen Parlamentsviertels Binnenhof aus dem 17. Jh. Die Renovierung soll mindestens sechs Jahre dauern und droht ein Milliardenprojekt zu werden.

Leben in der Stadt

Den Haag ist nach Amsterdam und Rotterdam die drittgrößte Stadt des Königreichs der Niederlande und hat ca. 565.000 Einwohner – die Vorstädte wie Rijswijk, Voorburg oder Leidschendam, die mit Den Haag aber quasi eine Einheit bilden, nicht miteingerechnet. 's-Gravenhage, so der andere amtliche Name der Stadt, ist die Hauptstadt der Provinz Süd-Holland und der Regierungssitz der Niederlande, wenn auch nicht deren Hauptstadt (das ist Amsterdam).

Mehr als 150 internationale Organisationen sind hier ansässig und die Königsfamilie hat hier ihre beiden **Paläste:** Huis ten Bosch, den etwas außerhalb des Zentrums im wunderschönen Stadtpark gelegenen offiziellen Wohnsitz, und das Paleis Noordeinde 13, den Arbeitspalast im Herzen der Stadt.

Auch die **Königliche Bibliothek der Niederlande**, der höchste Gerichtshof des Landes **(Hoge Raad)**, das höchste Ratgebergremium der Regierung (**Raad van State**) und die **Gerichtshöfe der UNO**, darunter der Internationale Gerichtshof und der ständige Schiedshof, das Iran-United States Claims Tribunal, das UN-Tribunal zur Ahndung von Kriegsverbrechen in Ex-Jugoslawien und der Internationale Strafgerichtshof – International Criminal Court –, die 2013 mit dem Friedensnobelpreis geehrte **Chemiewaffen-Abrüstungskonferenz OPCW**, die Fahndungsbehörde der Europäischen Union **(Europol)**, das **Europäische Patentamt** und die **International University of Hospitality Management** sind in Den Haag zu Hause.

Besonders attraktiv ist das **Statenkwartier** 25, mit der „Fred", der Frederik Hendriklaan, als Haupt- und Einkaufsstraße. Hier wird vielerorts in den feinen Geschäften mehr Englisch als Niederländisch gesprochen, denn die meisten der rund 40.000 in der Stadt lebenden **ausländischen Fachkräfte**, kurz „Expats" genannt, wohnen hier. Das Statenkwartier, in dem sich auch die Deutsche Internationale Schule und das UN-Jugoslawien-Tribunal befinden, liegt zwischen Zentrum und Scheveningen, dazwischen wiederum liegen das **Diplomatenviertel** und das **Catshuis,** der offizielle Wohnsitz des jeweiligen Ministerpräsidenten des Landes, sowie der **Internationale Gerichtshof der UNO.**

155dh Abb.: ©Mikhail Markovskiy, stock.adobe.com

Louis Couperus

„Zo ik iets ben dan ben ik Hagenaar" („Wenn ich etwas bin, dann bin ich ein Haager Bürger"), sagte Louis Couperus (1863–1923), **Den Haager Schriftsteller** und Autor des inzwischen auch an Orginalschauplätzen verfilmten Romans „Eline Vere" und bekundet damit seine Liebe zu seiner Heimatstadt.

Louis Marie Anne Couperus wurde am 10. Juni 1863 in Den Haag geboren und war das jüngste von elf Kindern. Er entstammte einer großbürgerlichen Haager Familie, sein Vater John Ricus Couperus war „Raadsheer", also einer der königlichen Verwalter in der einstigen niederländischen Kolonie **„Nederlands Indie"**, dem heutigen **Indonesien.** Seine Mutter war die Gräfin Catharina Geertruida Reynst. Zwischen 1872 und 1878 lebte die Familie in **Batavia,** dem heutigen Jakarta, ansonsten in Den Haag.

Louis Couperus selbst verbrachte allerdings einen Großteil seines Lebens auf **ausgedehnten Reisen** und besuchte u. a. Skandinavien, England, Deutschland, Frankreich, Spanien, Niederländisch-Indien, Japan und Italien, bevor er 1915 nach Den Haag zurückkehrte. 1889 erschien sein Roman **„Eline Vere"**, der zuerst in Folgen im Feuilleton der Zeitung „Het Vaterland" („Das Vaterland") abgedruckt und ein großer Erfolg wurde. Die Geschichte der Romanheldin spielt im großbürgerlichen Haager und Brüsseler Milieu. Couperus beschreibt darin die vielen unglücklichen Lieben der Eline und das **gesellschaftliche Leben der damaligen Zeit.** Es ist ein Sittengemälde jener Epoche mit einer in der niederländischen Literatur bis dato wenig bekannten Romantik. Andere Werke von Couperus wie „Noodlot" („Schicksal") erregten ebenfalls internationales Aufsehen und sogar Oscar Wilde war ein „Fan" von Couperus.

Louis Couperus starb am 9. Mai 1923, kurz nachdem er für sein literarisches Lebenswerk zum **Ritter** geschlagen worden war. Es gibt ein kleines Museum, das sich mit dem Leben und Werk des Schriftstellers befasst, allerdings war bei Redaktionsschluss nicht klar, ob es weitergeführt werden kann.

119 [D7] **Louis Couperus Museum,** Javastraat 17, www.louiscouperusmuseum.nl, Mi.–So. 12–17 Uhr, Eintritt: 4 €, mit Museumkaart (s. S. 106) frei, **derzeit (Frühjahr 2024) geschlossen**

Die vielen internationalen Organisationen haben aber einen entscheidenden Nachteil, über den sich viele Den Haager ärgern: Die **Preise** (insbesondere in den Restaurants) und die **Mieten** sind im nationalen Vergleich sehr hoch. Der Grund: Die vielen „Expats", aber auch einheimische Mitarbeiter der internationalen Gerichtshöfe oder der großen Konzerne verdienen meist sehr gut. Die Richter der internationalen Gerichtshöfe beziehen ihre hohen Gehälter zudem noch steuerfrei und können sich die hohen Mieten problemlos leisten. Bei „Otto Normalverbraucher" sieht das natürlich anders aus.

Die **Den Haager** gelten andernorts in den Niederlanden als ein wenig hochnäsig. „Sie gehen mit dem Gei-

Im Rittersaal eröffnet der König im September das Parlament (s. S. 15)

genkasten unterm Arm einkaufen“, heißt es anderswo. Mag sein, dafür aber sind sie meist weitaus höflicher als so mancher Amsterdamer und mindestens genauso international orientiert. In der Stadt leben schätzungsweise **150 verschiedene Nationalitäten.** Es handelt sich also um eine echte Multikultistadt, doch das Zusammenleben so vieler verschiedener Kulturen führt auch zu **Spannungen**, etwa in den Stadtvierteln Transvaal oder Schilderswijk, die inzwischen hauptsächlich von „Allochtonen“ bewohnt werden, wie Ausländer in den Niederlanden genannt werden. Die Spannungen sind aber nicht nur für Den Haag typisch, sondern für die gesamten Niederlande. Mit dem Rechtspopulisten Geert Wilders an der Spitze hat sich eine Partei gegründet, die einen Einwanderungsstopp in den Niederlanden durchsetzen und die „Islamisierung“ des Landes bekämpfen will. Geert Wilders gründete die „Partij voor de Vrijheid (PVV)“ 2004, nachdem er aus der Fraktion der liberalen Volkspartei für Freiheit und Demokratie VVD ausgetreten war.

Bei den Gemeinderatswahlen 2018 gab es eine Sensation: Der abtrünnige ehemalige PVV-Politiker Richard de Mos holte mit der von ihm gegründeten Partei „Groep de Mos/Hart voor Den Haag“ vor der rechtsliberalen VVD und den linksliberalen Demokraten '66 die meisten Stimmen. Die PVV stellt seither nur noch eins der 45 Stadtratsmandate. 2019 musste de Mos wegen gegen ihn erhobenen Korruptionsvorwürfen zurücktreten, wurde jedoch 2023 freigesprochen.

Das Haager Jantje und der Den Haager Storch

Das **Den Haager Wappen** besteht aus einem **Storch,** der einen Aal im Schnabel hat. Früher wurden im Hofvijver, dem kleinen See vor dem Parlament, Aale gezüchtet, weshalb viele Störche dorthin zur Aaljagd flogen. Aus diesem Grund gehörten Störche lange Zeit einfach zum Stadtbild von Den Haag. Die Tiere gelten in den Niederlanden außerdem als Glücksbringer.

Neben dem Storch als Wappentier steht aber auch noch das **Jantje,** die Hauptfigur aus dem bekannten Kinderlied „In Den Haag da wohnt ein Graf“, für die Stadt. Jedes Haager Kind lernt das Lied bereits im Kindergarten. Hier der Text (auf Deutsch):

„In Den Haag da wohnt ein Graf
und sein Sohn heißt Jantje.
Wenn man fragt, wo wohnt
dein Papa
Dann zeigt er es mit seiner Hand
Mit seinem Finger, mit seinem
Daumen
Auf seinem Hut trägt er eine Feder
An seinem Arm da hängt ein Korb
Hallo mein liebes Jantje.“

Das Lied erzählt von Jantje, dem Sohn von Graf Floris V. Jantje war ein kränkelndes Kind und erregte das Mitleid der Zeitgenossen, denn der kleine Junge, der als einziger in der Familie Oranien-Nassau den Namen Jan trug – heute neben Henk der typischste niederländische Jungenname – starb schon im Alter von 13 Jahren.

Das Denkmal für das Haager Jantje steht am Hofvijfer gegenüber dem Parlament und nur einen Katzensprung von der Residenz des deutschen Botschafters, Huis Schuylenburch 4, entfernt.

028dh Abb.: ug

Der Sitz der Organisation für das Verbot chemischer Waffen (OPCW)

Die internationale Zone von Den Haag

Das Diplomatenviertel ist eine noble Gegend rund um und neben dem Stadtwald „Scheveningse Bosjes" und liegt exakt zwischen dem Den Haager Zentrum, dem Statenkwartier und dem Kurbad Scheveningen.

Feine **Botschafterresidenzen** gibt es hier *en masse*. Eine der schönsten ist sicher die des Botschafters von Luxemburg, weil sie einen prachtvollen großen Garten hat, in dem bei schönem Wetter im Juni alljährlich der Nationalfeiertag des Großherzogtums mit vielen prominenten Gästen gefeiert wird. Auch die Botschafterresidenzen Belgiens, Indiens, der USA, Frankreichs, des Iraks, der Schweiz und Indonesiens sind hier angesiedelt sowie die Vertretung des Vatikans. Früher – bis zum 3. Oktober 1990 – gab es hier auch eine diplomatische Vertretung der DDR. Der Botschafter der Bundesrepublik Deutschland residiert hier jedoch nicht, sondern wohnt im feudalen **Huis Schuylenburch** (4) gegenüber dem Parlament am Hofvijver in einer nicht minder attraktiven Gegend Den Haags.

Auch der niederländische Regierungschef hat hier im Grüngürtel des Diplomatenviertels seinen offiziellen Amtssitz. Das sogenannte **Catshuis** liegt in einem Park und ist von außen so gut wie nicht zu sehen. Die eigentliche „Diplomatenrennbahn" ist aber die von unzähligen Länder-Flaggen gesäumte **Johan de Wittlaan.** Sie ist die Achse, die fast alle wichtigen internationalen Institutionen, die hier angesiedelt sind, miteinander verbindet. Dort befand sich auch das ehemalige **UN-Tribunal zur Ahndung von Kriegsverbrechen in Ex-Jugoslawien,** wo der Prozess gegen **Ratko Mladić** und andere Kriegsverbrecher aus den Balkankriegen stattfanden. Er wurde zu einer 40-jährigen Haftstrafe verurteilt. Hier hinter dem Panzerglas der insgesamt drei Gerichtssäle des Tribunals musste sich auch der ehemalige jugoslawische Staatspräsident **Slobodan Milošević** verantworten. Ihm wurden nicht nur Kriegsverbrechen, sondern auch Völkermord vorgeworfen, doch sein Prozess konnte nicht zu Ende geführt werden, denn Milošević starb am 11. März 2006 an Herzversagen, nachdem sein Prozess schon vier Jahre gedauert hatte. Seine Schuld oder Unschuld an all den Gräueltaten in den drei Balkankriegen während der 1990er-Jahre konnte also nie geklärt werden. Das UN-Tribunal beendete seine Arbeit im Dezember 2017.

Nachbar des Jugoslawientribunals ist das runde Gebäude der OPCW. **OPCW** steht für „Organisation for the Prohibition of Chemical Weapons", zu Deutsch die **Chemiewaffenabrüstungskonferenz.** Sie tagt hier regelmäßig und versucht nun schon seit mehr als einem Jahrzehnt, alle chemischen Waffen, die es auf der Welt gibt, in verantwortungsvoller Weise zu verschrotten. Eine Sisyphusarbeit.

Zwischen der OPCW und dem Jugoslawientribunal befindet sich das **World Forum Convention Center,** ein riesiges Kongresszentrum. Früher war es für das weltweit beachtete North Sea Jazz Festival bekannt, das aber nach Rotterdam abgewandert ist. Der Grund hierfür ist, dass eine weitere wichtige internationale und europäische Organisation hier residiert: die europäische polizeiliche Fahndungsbehörde **Europol.** Ihr Domizil steht direkt neben dem World Forum Convention Center und gegenüber dem einstigen Jugoslawien-Tribunal. Für Europol musste die große Konzerthalle des World Forums – die Statenhal – abgerissen werden. In der Halle traten früher Jazz- und Blues-Größen wie John Lee Hooker oder Miles Davis auf. Jetzt wird von diesem Ort aus nach Verbrechern gefahndet.

Die Stadt Den Haag plant, dieses gesamte Gebiet rund um die Eisenhowerlaan bis hin zur Carnegielaan, wo im Friedenspalast (15) der Internationale Gerichtshof der Vereinten Nationen (IGH) residiert und tagt, zu einer internationalen Zone zu machen.

Die internationalen Gerichtshöfe in Den Haag, der IGH der Vereinten Nationen, das UN-Jugoslawien-Tribunal und der Internationale Strafgerichtshof ICC, fällen immer wieder bedeutende Urteile. 2012 waren es gleich zwei, die Völkerrechtsgeschichte schrieben. Der IGH gab einer Klage der Bundesrepublik Deutschland gegen Italien statt. Berlin hatte geklagt, weil ein italienisches Gericht von der deutschen Regierung weitere Schadensersatzzahlungen für vom Deutschen Reich begangene Kriegsverbrechen während des Zweiten Weltkriegs verlangte. Der IGH urteilte, die Bundesrepublik müsse keine weiteren Zahlungen leisten, weil dies bereits 1961 geschehen sei. Außerdem sei ein Staat gegen Forderungen von Privatpersonen, wie sie in Italien erhoben worden waren, immun.

Der ICC sprach zudem den einstigen kongolesischen Rebellenführer Thomas Lubanga Dyilo schuldig, 2002/2003 Kindersoldaten eingesetzt zu haben. 2020 entschied der Sudan, den ehemaligen Diktator Omar al-Bashir an das ICC auszuliefern, wo ihm der Prozess gemacht werden soll. Das ICC wirft ihm Kriegsverbrechen und Menschenrechtsverletzungen vor.

2023 hat der ICC einen internationalen Haftbefehl gegen den russischen Präsidenten Wladimir Putin wegen mutmaßlicher Kriegsverbrechen in der Ukraine ausgestellt.

PRAKTISCHE REISETIPPS

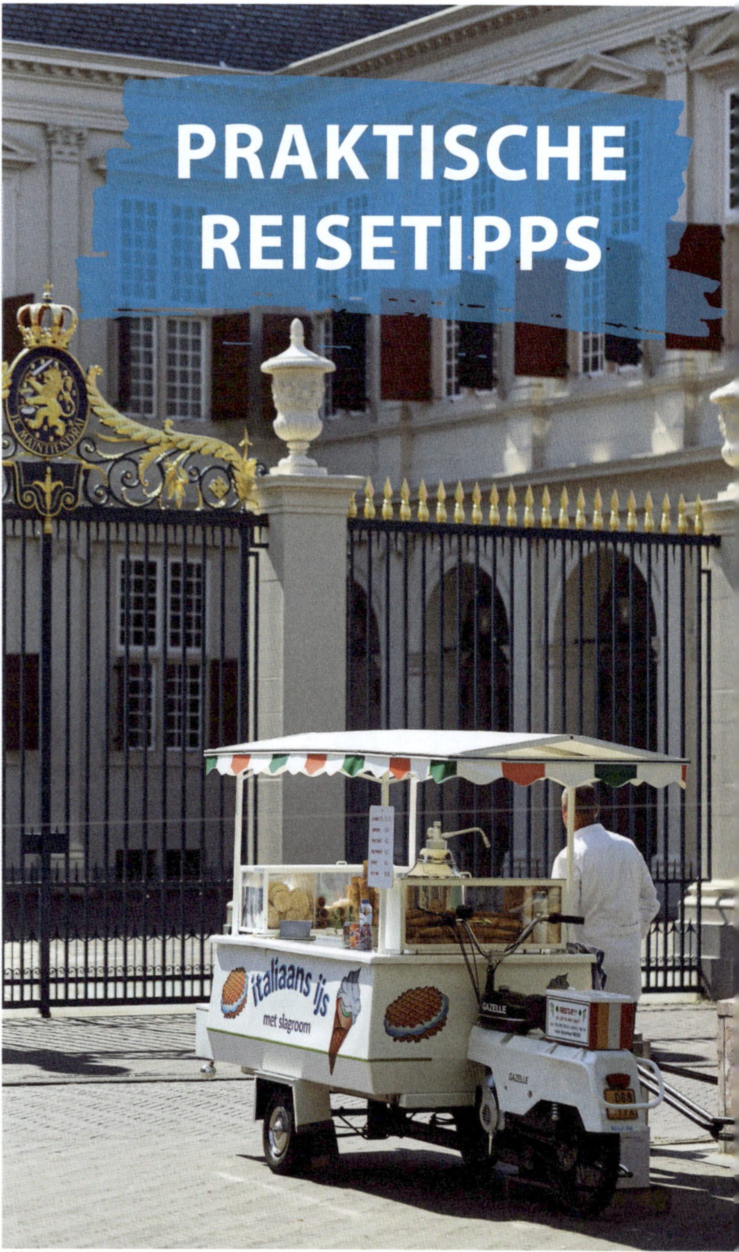

136dh Abb.: ug

An- und Rückreise

Mit dem Auto

Den Haag ist gut mit dem Auto erreichbar. Aus dem Osten fährt man via Utrecht auf der Autobahn A12, aus dem Süden über Rotterdam (Autobahn A13) und aus dem Norden, von Amsterdam kommend, via Autobahn A4. Reisenden aus Deutschland, Österreich und der Schweiz sei die linksrheinische Route auf der deutschen A61 über Koblenz nach Venlo empfohlen, von wo aus man über die A67 Richtung Eindhoven, Tilburg, Breda und Rotterdam nach Den Haag gelangt. Es ist aber auch möglich, die A3 via Köln nach Arnheim und von dort über die A12 Richtung Utrecht weiter nach Den Haag zu fahren.

Mit der Bahn

Auch mit der Bahn ist Den Haag gut zu erreichen, wobei man darauf achten sollte, dass es in Den Haag zwei größere Bahnhöfe gibt: den **Zentralbahnhof (Den Haag Centraal Station)** [E9] und den Bahnhof **Hollands Spoor**. Beide Bahnhöfe liegen nicht weit auseinander und haben eine sehr gute Anbindung an die öffentlichen Verkehrsmittel. Wer vom Bahnhof aus ins Zentrum laufen möchte, sollte den Zentralbahnhof wählen, von dem die meisten Sehenswürdigkeiten gut zu Fuß erreichbar sind.

› Fahrpläne und Reiseauskunft unter www.bahn.de oder www.ns.nl

◁ Vorseite: Profanes Erfrischungsangebot vor königlicher Kulisse ⓭

Mit dem Flugzeug

Wer in die Niederlande fliegt, kommt meist auf dem **Schiphol Airport** an, der südlich von Amsterdam liegt und jährlich rund 62 Millionen Passagiere abfertigt. Von dort kann man mit dem Zug in ca. 40 Min. in Den Haag sein. Mit dem Auto oder Taxi geht es genauso schnell, vorausgesetzt, es ist kein Stau auf der A4, die von Amsterdam nach Den Haag führt. Eine **Taxifahrt** von Schiphol nach Den Haag kostet um die 75 €, eine **Zugfahrt** ist weitaus günstiger und kostet ca. 10 €. Der Bahnhof befindet sich direkt unter dem Flughafen. Fahrkarten gibt es an den Automaten.

Ein weiterer Flughafen in der Nähe ist **Rotterdam-The Hague Airport.** Von hier nimmt man nach Den Haag am besten ein Taxi (Preis etwa 60 €) oder den Bus (Linie 33, bis Haltestelle Meijersplein) zur RandstadRail, mit der man nach Den Haag fahren kann (Ticket ca. 5 €, gilt für die gesamte Fahrt, man benötigt eine OV-chipkaart, s. S. 127).

› www.schiphol.nl

› www.rotterdamthehagueairport.nl

Autofahren

Parken

In Den Haag einen **Parkplatz** zu finden, ist schwer. Hat man dennoch einen Platz gefunden, sollte man genau prüfen, ob ein **Parkschein** benötigt wird (an Automaten erhältlich). Selbst wenn man nur 5 Min. zu spät zu seinem Auto kommt und die Parkdauer bereits abgelaufen ist, kann das 65 € Strafe kosten. Am besten fährt man in ein **Parkhaus**, was aber ein teurer Spaß ist (Tagessatz bis zu 35 €), oder benutzt die **öffentlichen Verkehrsmittel.** An einem schönen Sommertag sollte keiner auf die Idee kommen, mit dem Auto an den Strand zu fahren. Der Verkehr staut sich und Parkplätze sind nicht zu finden.

- P120 [B9] **Parkgarage unter dem Grote Markt.** 390 Plätze, ideale Lage für Shoppingtouren, Parkgebühr: ab 3,60 €/Std.
- P121 [D9] **Parkgarage unter dem Plein.** 560 Plätze, ideal zum Ausgehen, Parkgebühr: 1 € pro 15 Minuten.

Park+Ride-Plätze

- P122 **P+R De Uithof,** Jaap Edenweg 10, Den Haag. Gratisparkplätze am Sportzentrum De Uithof. Mit der RandstadRail 4 ist man in einer Viertelstunde im Zentrum.
- P123 **P+R Station Ypenburg,** Prinses Maximaplein, Den Haag. Direkt neben der A12. Parken ist gratis, mit dem Zug ist man in acht Minuten am Hauptbahnhof von Den Haag.
- P124 **P+R Transferium Hoornwijck,** Laan van Hoornwijck 55, 2289 DG Rijswijk. An der A4, Höhe Rijswijk. Öffentliche Verkehrsmittel bringen einen nach Den Haag und sonntags auch an den Strand von Scheveningen. Kosten: 6 € fürs Parken inkl. Fahrschein für 1 Person, für jede weitere Person kommt 1 € dazu.

Barrierefreies Reisen

Einrichtungen und Serviceleistungen für Menschen mit Behinderung sind in den Niederlanden generell überdurchschnittlich. So sind auch in Den Haag die **öffentlichen Gebäude** für Rollstuhlfahrer gut zugänglich, ebenso die meisten **Museen** wie das **Kunstmuseum Den Haag** 26 und das **KM21** (s. S. 52). Auch den Keukenhof 28 kann man mit dem Rollstuhl besichtigen. Dort kann man sogar gratis Rollstühle ausleihen.

Ein **Strandbesuch** ist für gehbehinderte Menschen ebenfalls möglich. Dazu können im Sommer verschiedene Strandrollstühle ausgeliehen werden, mit denen man auf den Strand fahren kann. Erhältlich sind sie bei dem Fahrradverleih Biesieklette in Scheveningen und Kijkduin (www.biesieklette.nl).

Die meisten größeren **Hotels** verfügen über behindertengerechte Zimmer und wer mit dem **Zug** nach Den Haag reist und Hilfe beim Umsteigen benötigt, kann diese über das **Bureau Assistentieverlening Gehandicapten** arrangieren (Tel. +31 (0)30 2357822).

Weitere Informationen über Angebote für Menschen mit Behinderung sind in den niederländischen Touristeninformationen (s. S. 107) oder im Internet unter www.niederlande.de (Menüpunkt „Praktische Tipps" – „Reisen mit einer Behinderung") erhältlich.

Diplomatische Vertretungen

- •125 [B6] **Deutsche Botschaft Den Haag,** Groot Hertoginnelaan 18–20, Tel. +31 (0)70 3420600, www.niederlande.diplo.de
- •126 [G7] **Österreichische Botschaft Den Haag,** Van Alkemadelaan 342, Tel. +31 (0)70 3245470, www.bmeia.gv.at/oeb-den-haag
- •127 [D8] **Schweizerische Botschaft Den Haag,** Lange Voorhout 42, Tel. +31 (0)70 3642831, www.eda.admin.ch/denhaag

Den Haag preiswert

- Jedes Jahr (meist im März) findet in Den Haag die **„Restaurant-Woche“** statt. Während dieser Zeit kann man in vielen Restaurants, die sonst sehr exklusiv und teuer sind, abends ein Dreigängemenü für rund 30 € bekommen. Auch Sternerestaurants sind dann bezahlbar. Es ist aber eine Reservierung über www.restaurantweek.nl (auch auf Englisch) erforderlich.
- **Korting Cards:** In den Touristeninformationen liegen Karten oder Broschüren aus, mit denen man eine Ermäßigung („korting“) auf viele Eintrittspreise erhält.
- Es lohnt sich, beim Museumseintritt auf **Kombiticket**-Angebote zu achten, wenn man vorhat, mehr als ein Museum zu besuchen.
- Museumsfans können sich eine **Museumkaart** zulegen. Sie kostet 75 € und ermöglicht ein Jahr lang den kostenlosen Zutritt zu rund 400 Museen in den ganzen Niederlanden (www.museumkaart.nl). Nach der Online-Beantragung bekommt man sie innerhalb von fünf Tagen zugeschickt. Für Touristen gibt es allerdings einige Einschränkungen, da man die Karte nur dann online beantragen kann, wenn man ein niederländisches Bankkonto besitzt. Ausländische Besucher müssen die Karte vor Ort in einem der Museen kaufen, bekommen sie aber dennoch erst innerhalb von fünf Tagen zugeschickt. Bis dahin erhält man eine befristete Karte, mit der man jedoch nur fünf Museen besuchen kann. Es gilt also, genau nachzurechnen, ob sich der Kauf bei einem kurzen Aufenthalt wirklich lohnt.

Geldfragen

Für eine **Übernachtung** im Doppelzimmer (zwei Personen) muss man in Hotels mit einem Preis von 100–200 € rechnen, im Bed and Breakfast zahlt man etwa 100 €. **Eintrittspreise** liegen bei Museen zwischen 12 und 20 €. Eine 2-Stunden-Karte für **Bus** oder **Bahn** kostet 4,50 €, die Tageskarte 8 €, erhältlich bei den HTM-Verkaufsstellen an den Bahnhöfen (s. S. 104), in der Touristeninformation (s. S. 107) und teilweise auch in Tabakläden oder Supermärkten.

Man sollte nach Möglichkeit immer seine Debit-/Giro- oder Kreditkarte mit sich führen, da manche Geschäfte **kein Bargeld** akzeptieren und auch an Parkscheinautomaten größtenteils nur noch mit Karte bezahlt werden kann. Bei **Kreditkartennutzung** fallen für Auslandszahlungen unter Umständen Gebühren an. Man sollte sich bei der jeweiligen Bank oder beim Kreditkarteninstitut über die Kosten informieren.

Debitkarten mit Maestro-Funktion sind noch bis zu ihrem Laufzeitende gültig, werden aber seit Juli 2023 sukzessive gegen sogenannte Mastercard-Debit-Karten ausgetauscht, mit denen man ebenfalls im Ausland zahlen und Geld abheben kann.

Für das **Geldabheben** im EU-Ausland gelten die gleichen Konditionen wie in Deutschland. Wie hoch die Kosten sind, hängt von der eigenen Bank ab und sollte vor der Reise erfragt werden. Es kann jedoch vorkommen, dass Geldautomatenbetreiber im jeweiligen Land zusätzliche Gebühren erheben. Die Höhe der Kosten muss am Automaten vor der Bestätigung der Abhebung angezeigt werden.

Haustiere

Die Niederländer mögen Haustiere und es gibt kaum einen Haushalt ohne Katze oder Hund. Dementsprechend hat man sich auf Urlauber mit vierbeinigen Begleitern eingestellt. In den meisten **Hotels** sind Haustiere willkommen, z. B. im NH Atlantic (s. S. 123) am Strand von Kijkduin.

Haustiere müssen geimpft und identifizierbar sein (Chip oder Tätowierung). Außerdem gilt im Stadtbereich Leinenpflicht.

Ein **Strandspaziergang** mit Hund gehört zu den Urlaubs-Highlights. Vom 1. Oktober bis zum 15. Mai dürfen Hunde immer und überall an den Stränden herumtollen. Vom 15. Mai bis zum 1. Oktober ist der Strand nur zwischen 21 und 7 Uhr für Hunde zugänglich. Ausnahme sind Hundestrände:

- **Kijkduin:** Strandzugang 2 (Ende des Parkplatzes Machiel Vrijenhoeklaan) bis Westland
- **Südstrand:** zwischen Strandzugang 9 (Kwartellaan) und Strandzugang 10 (Duivelandsestraat)
- **Nordstrand:** Strandzugang am Ende des Parkplatzes Zwarte Pad bis zur Grenze mit der Gemeinde Wassenaar

Regeln und Auslaufgebiete für Hunde sind unter www.denhaag.nl/en/in-the-city/nature-and-environment/rules-for-walking-dogs-and-cleaning-up-dog-poop.htm zu finden.

Informationsquellen

Infostellen in der Stadt

Die **Touristeninformation** in Den Haag heißt The Hague Info Store. Sie befindet sich im Hauptbahnhof, und zwar in einem der Seitengänge. Dort bekommt man allerlei Prospekte, Karten, Bücher und Souvenirs sowie Fahrkarten für die öffentlichen Verkehrsmittel. Auch Stadtführungen und Veranstaltungen kann man hier buchen.

ℹ128 [E9] **The Hague Info Store,** Koningin Julianaplein 10–50, Hauptbahnhof, https://denhaag.com, Mo.–Sa. 10–18, So. 10–16 Uhr

Beim The Hague Info Store gibt es Auskünfte auch auf Deutsch

044dh Abb.: dhm

MEIN TIPP

Neues erfahren

In der Stadtbibliothek im neuen Rathaus 16 kann man kostenlos Zeitungen und Zeitschriften (vor allem auch deutsche/internationale) lesen.

› **Centrale Bibliotheek,** www.bibliotheekdenhaag.nl/home.html, Mo. 12–20, Di.–Fr. 10–20, Sa. 10–17, So. 12–17 Uhr

Der niederländische **ANWB** entspricht dem deutschen ADAC. Er ist nicht nur für Autofahrer interessant. In der Niederlassung gibt es eine große Auswahl an Straßen-, Wander- und Radkarten.

•129 **ANWB,** Wassenaarseweg 220, Tel. +31 (0)88 2693170, www.anwb.nl, Mo.–Fr. 9–17.30, Sa. 10–17 Uhr

Die Stadt im Internet

- **www.denhaag-holland.de:** Website der Autorin über ihre Wahlheimat Den Haag mit vielen Tipps für Hotels, Restaurants und Sehenswürdigkeiten
- **www.holland.com:** Die offizielle Seite vom Niederländischen Büro für Tourismus & Convention enthält viele gute und ausführliche Informationen über Den Haag und Scheveningen (auf Deutsch). Die wichtigsten Sehenswürdigkeiten werden vorgestellt, alle nennenswerten Veranstaltungen genannt und zahlreiche Hotels beschrieben.
- **www.denhaag.com:** offizielle Website der Stadt Den Haag, auch auf Deutsch verfügbar
- **www.scheveningen-strand.de:** deutsche Website von Ulrike Grafberger

Unsere Literatur- und Medientipps

- Annejet van der Zijl, **„Sonny Boy“**, Kindler Verlag, 2006. Bestseller über eine holländische Frau, die sich in einen jüngeren, surinamischen Mann verliebt und mit ihm ein Kind bekommt, das Sonny Boy genannt wird. Als die Nationalsozialisten in Holland einmarschieren, verstecken beide in ihrer Scheveninger Pension untergetauchte Juden und politisch Verfolgte. Das Buch wurde 2011 auf Niederländisch verfilmt.
- Ulrike Grafberger, **„Holland für die Hosentasche“**, Fischer Verlag, 2016. Auf sehr unterhaltsame Weise schreibt Ulrike Grafberger über kuriose und manchmal auch ganz ernstgemeinte Fakten und Anekdoten über die Niederlande. Sie geht solchen Fragen nach wie: Warum wirft König Willem-Alexander mit Kloschlüsseln? Und wie wurde Königin Máxima zur Ehestifterin? Wieso springen die Holländer an Neujahr in die Nordsee und gehen an Ostern Möbel kaufen?
- Driessen, Christoph: **Geschichte der Niederlande. Von der Seemacht zum Trendland.** Verlag Friedrich Pustet, 2022. Der Autor kann so wunderbar schreiben und Wissen so gut vermitteln, dass man dieses Buch gar nicht mehr weglegen möchte.
- Friso Wielenga, **„Die Niederlande – Politik und politische Kultur im 20. Jahrhundert“**, Waxman Verlag, 2008. Eine hervorragende und lesenswerte Analyse über die Niederlande, ihre politische Kultur und die Gesellschaft.
- **„Zwartboek“ („Black Book“)**, 2006. Der Film von Paul Verhoeven wurde in Den Haag gedreht und handelt vom Widerstand einer jüdischen Frau gegen die Nazis, die die Niederlande besetzen.

über Scheveningen und Den Haag mit Fotos und praktischen Tipps
- **www.denhaagcentraal.net:** Wer Niederländisch versteht, kann hier alte Ausgaben der Den Haager Wochenzeitung gratis herunterladen.
- **www.thehagueonline.com:** Diese englischsprachige Website über Den Haag richtet sich vor allem an Ausländer, die vorübergehend in Den Haag wohnen und Mitarbeiter von internationalen Organisationen. Unter anderem bietet die Website auch einen empfehlenswerten aktuellen Veranstaltungskalender von Den Haag.

Publikationen und Medien

- **AD Algemeen Dagblad – Haagsche Courant:** Regionalzeitung (auf Niederländisch) mit täglicher Sonderbeilage über Den Haag (www.ad.nl)
- **Den Haag Centraal (DHC):** Die Lokalzeitung für Den Haag (auf Niederländisch). Sie bietet neben den überregionalen Nachrichten Informationen über das, was in der Regierungsmetropole so alles passiert (www.denhaagcentraal.net).
- **Leven:** „Glossy" Stadtmagazin (in niederländischer Sprache), das an vielen Stellen kostenlos ausliegt (www.leven-magazine.nl)

LGBT+

Generell gilt: In den Niederlanden ist man gegenüber der gleichgeschlechtlichen Liebe sehr aufgeschlossen. Die Niederlande waren das erste Land der Welt, in dem die „Homo-Ehe" möglich wurde.

Die Schwulen- und Lesbenszene in Den Haag ist lange nicht so offensichtlich vertreten wie etwa in Amsterdam. Der Treffpunkt der Szene ist das Café De Landman. Hier feiern viele bekannte Haager Schwule ihren Geburtstag oder andere rauschende Feste. Gerne trifft sich die queere Community auch im Café De Vink, wo regelmäßig Partys stattfinden, auch Karaoke gibt es hier und Travestie, Glamour und Glitter werden zur Schau gestellt und zelebriert.

130 [D8] **Café De Landman,** Denneweg 48, www.cafedelandman.nl, Tel. 070 3467727, Mi.–Mo. ab 16 Uhr

131 [B8] **Café De Vink,** Schoolstraat 28, Tel. 070 3650357, Facebook: Cafe de Vink Schoolstraat 28 Den-Haag, tgl. ab 16 Uhr

Medizinische Versorgung

In den Niederlanden herrscht das sogenannte **Hausarztsystem.** Wenn es kein Notfall ist, geht der Holländer zunächst zum Hausarzt, um sich von diesem zum entsprechenden Spezialisten überweisen zu lassen, der in der Regel im Krankenhaus Sprechstunde hält. Wer als deutscher Urlauber in den Niederlanden zum Hausarzt oder ins Krankenhaus geht, sollte eine **Europäische Krankenversichertenkarte (EHIC)** dabeihaben, damit keine Kosten für ihn anfallen. Hat man diese europäische Versichertenkarte nicht, sollte man sich als Mitglied einer gesetzlichen Krankenkasse um einen **Auslandskrankenschein** kümmern.

132 [D3] **International Health Centre The Hague,** Jan van Nassaustraat 125, Scheveningen, https://ihch.nl, Tel. 070 3065111, Mo.–Fr. 8–17 Uhr, Bus 20 (Haltestelle Wassenaarseweg) und Straßenbahn 9 (Haltestelle Javabrug). Im Health Center haben sich u. a. ein deutschsprachiger Allgemeinmediziner

und ein Apotheker niedergelassen. Außerhalb der Öffnungszeiten ist der **SMASH** (Stichting Mobiele Artsen Service Haaglanden) zuständig (Tel. 070 3469669, ab 17 Uhr). Entweder wird einem direkt am Telefon geholfen oder man bekommt den nächsten Arzt genannt, der Notdienst hat. Mit Englisch und Deutsch kommt man gut zurecht.

› Wen abends, nachts oder am Wochenende **Zahnschmerzen** plagen, der bekommt unter Tel. 070 3110305 einen Notfallzahnarzt genannt. Tagsüber muss man sich über das Internet (www.tandarts.nl) einen Zahnarzt in der Nähe suchen.

⊕133 **Spoedplein,** Charlotte Jacobslaan 10, Den Haag, Straßenbahn 4 und 6, Bus 23 und 26, www.hagaziekenhuis.nl. Patienten, die Erste Hilfe benötigen, können sich am sog. Spoedplein des Haga-Ziekenhuis melden, wo es auch eine Notfall-Apotheke gibt.

Um die gängigen Mittel wie Magen-, Grippe- und Schmerzmittel zu kaufen, kann man in eine Drogerie gehen (z. B. zu Etos, Kruidvat oder Trekpleister). Stärkere Arzneimittel gibt es dagegen nur in der Apotheke. Hier ein paar Adressen:

⊕134 [B4] **Van Greuningen,** Statenlaan 40, Tel. 070 3551343, Mo.–Fr. 8.30–18 Uhr, Sa. 10–13 Uhr, Straßenbahn 17, Haltestelle Frederik Hendriklaan (hält direkt vor der Tür). Da im Statenkwartier viele Ausländer wohnen, ist man in dieser Apotheke darauf eingestellt. Das ist insofern hilfreich, da Medikamente in manchen Ländern ganz andere Namen haben als in den Niederlanden.

› **International Health Pharmacy** im International Health Care Center (s. S. 109)

› Auch über das Internet kann eine Apotheke gesucht und gefunden werden: **www.apotheek.nl.**

Mit Kindern unterwegs

Die Niederlande sind ein ausgesprochen **familienfreundliches Land.** Kinder werden hier relativ locker erzogen. Sie dürfen ruhig auch etwas lauter toben und es gibt ausreichend Angebote für die Kleinen. Das fängt bei den Spielplätzen an und führt über die sogenannten *kinderboerderijen* („Kinderbauernhöfe") bis hin zu speziellen Museen für Kinder.

Auch in Den Haag gibt es so viele Attraktionen, dass dem Nachwuchs sicherlich nicht langweilig wird. Das interessanteste Ereignis, zumindest für die kleineren Kinder, dürfte ein Besuch in **Madurodam** 27 sein. Auch wenn der Eintritt nicht gerade günstig ist, so sollte man „Holland in klein" nicht verpassen. Übrigens ist es auch für Erwachsene ein unvergessliches Erlebnis. Von Madurodam fährt man nur ca. 1,5 km bis zum Museumsviertel im Statenkwartier 25, wo sich das **Museon-Omniversum** (s. S. 112) und – für die Erwachsenen – das **Kunstmuseum Den Haag** 26 und das **KM21** (s. S. 52) befinden – ideal also, um Kinder- und Erwachsenenwünsche zu kombinieren. Von dort aus ist man schnell am **Hafen** 24 und am Strand von Scheveningen, wo Sea Life (s. S. 112) und das Legoland Discovery Centre (s. S. 111) auf die kleinen Besucher warten. Direkt neben dem Pier lädt eine Trampolinanlage zu Höhenflügen ein.

Eine riesige Giraffe aus Lego begrüßt Klein und Groß im Legoland Discovery Centre Scheveningen

Den Haag für Kinder

•135 **Dampflok im Zuiderpark,** Mr. P. Droogleever Fortuynweg 79, www.stoomgroepwest.nl, Anfang April–Ende Okt. Mi. 13–16.30, So. 11.30–16.30 Uhr, in den Sommerferien Di.–Fr., So., Zugfahrt: 1,50 €, Straßenbahn 9, Haltestelle Zuiderpark. Der blaue Dampflokzug fährt durch einen Teil des Zuiderparks. Und natürlich können Erwachsene und Kinder eine Runde mitfahren. Ein Besuch im Zuiderpark ist aber auch wegen der vielen anderen Attraktionen lohnenswert. So gibt es hier ein Schwimmbad, eine Rollschuhbahn, ein Bowlingcenter und einen Kinderbauernhof.

Scheveningen für Kinder

•136 [F1] **Legoland Discovery Centre Scheveningen,** Strandweg 13, Straßenbahn 1 und 9, Haltestelle Kurhaus, Öffnungszeiten siehe Website, Eintritt: 23 €. Obwohl die Zielgruppe hauptsächlich bei den 3- bis 10-Jährigen liegt, werden auch Adult-only-Mittage und -Abende angeboten. Denn beliebt sind die Plastiksteine auch bei Erwachsenen: Auf das Stellenangebot eines Legoland-Baumeisters haben sich 315 Interessenten beworben! Neben der Möglichkeit, selbst zu bauen, gibt es im Legoland ein Miniland mit Den Haager und Scheveninger Bauwerken wie Pier und Kurhaus, ein 4-D-Kino, einen Legoladen und eine kleine Achterbahn.

•137 [F2] **Glowgolf Scheveningen,** Palace Promenade, Gevers Deynootweg 990–70, Tel. 070 3589387, http://glowgolf.nl/de/scheveningen, wechselnde Öffnungszeiten (siehe Website), ab 4 Jahre 10,50 €. In der Passage am Strand befindet sich – etwas versteckt – Glowgolf Scheveningen. Hier wird im Dunklen Indoor-Minigolf gespielt, wobei Bälle,

179dh Abb.: ug

Schläger und Spielfeld in Neonfarben leuchten. Ein großer Spaß!

•138 [E2] **Kinderboerderij (Kinderbauernhof),** Stadsboerderij t'Waaygat, Havenkade 75, Tel. 070 3546542, Di.–So. 9–17 Uhr, Eintritt frei, Straßenbahn 1 und Bus 22, Haltestelle Badhuiskade. Dieser „Kinderbauernhof" liegt mitten in Scheveningen und ist die Heimat von vielen Schafen, Ziegen, einer Kuh, Ferkeln, Kaninchen, Hühnern, Meerschweinchen und Tauben. Den ganzen Tag über können Kinder hier den Tieren zuschauen, Ziegen und Meerschweinchen streicheln oder gleich selbst mithelfen. Wer keine Lust mehr hat, geht auf den direkt angrenzenden Spielplatz mit Seilbahn, Skatepark, kleinem Fußballplatz und Schaukel.

046dh Abb.: ug

139 [B4] **Museon-Omniversum,** Stadthouderslaan 37, Tel. 070 3381338, www.museon-omniversum.nl, tgl. 9.30–17 Uhr, Omniversum auch Do., So. 18–20, Fr., Sa. 18–21 Uhr, Eintritt: Museum und Film 17 €, Kinder 4–11 Jahre 14,50 €, nur Omniversum (abends) 13 €, mit Museumkaart (s. S. 106) frei, Straßenbahn 17 und Bus 24, Haltestelle Kunstmuseum/Museon. Ein Museum ganz für Kinder! Hier kann man spielerisch den Müll aus einem Fluss entfernen, dort lacht einen ein Dinosaurierskelett an und um die Ecke bewachen die ersten Küstenbewohner ihre prähistorische Hütte. Das **Museon** entwickelt immer wieder neue Wechselausstellungen, beispielsweise über Ritter, Raumfahrt oder Musik. Ein Tipp für verregnete Tage: Mittwoch- und sonntagnachmittags können die Kinder im Museon basteln. Die perfekte Möglichkeit, etwas ältere Kinder zum Englischüben zu bewegen, ist ein Besuch im IMAX-Kino **Omniversum.** Das einzige IMAX-Kino in Benelux war auch das erste in ganz Europa. Auf die riesige Kuppel werden die Filme in 500-facher Vergrößerung projiziert und mit Geräuschen aus rund 36 Lautsprechern unterlegt. So bekommen die Zuschauer das Gefühl, mitten im Geschehen zu sitzen.

•**140** [B5] **Planet Jump,** Stadhoudersplantsoen 28, Straßenbahn 17 und Bus 24 (Haltestelle Kunstmuseum/Museon), http://planetjump.nl, Mi., Fr. 12–18, Sa. 10–20, So. 10–18 Uhr, Eintritt: 7,50 € für eine Stunde. Ein Trampolinzentrum in einer ehemaligen Kirche, das gibt es nicht in jeder Stadt! 57 Trampoline und eine sogenannte Tumbling Lane mit einer Länge von 26 Metern befinden sich mitten im Ex-Gotteshaus zwischen Den Haag Zentrum und dem Stadtteil Scheveningen.

•**141** [D5] **Sandspielplatz Scheveningen,** Ary van der Spuyweg/Ecke Scheveningse Weg, Straßenbahn 1, Haltestelle Ary van der Spuyweg. Sonniger Spielplatz am Rande der Scheveningse Bosjes (Park) mit Schaukeln, Rutschen und einem großen Spielboot.

142 [F1] **Sea Life,** Strandweg 13 (Boulevard Scheveningen), Tel. 070 3542100, www.sealife.nl, Sept.–Juni tgl. 10–18, Juli, Aug. tgl. 10–20 Uhr, Eintritt: 23 €, bei Onlinebuchung 20 €, mit Legoland Discovery Center bei Onlinebuchung ab 33,50 €, Straßenbahn 1 oder 9, Haltestelle Kurhaus. Großaquarien gibt es inzwischen auf der ganzen Welt, so auch in Scheveningen. Im Sea Life können die Kids durch einen Haitunnel laufen sowie Pinguine und Plattfische besuchen.

- •143 [F1] **Trampolin-Zentrum Scheveningen,** Strandweg 44, Tel. 0645616077, http://trampolinecentrum.nl, tgl. 11–23 Uhr, geschl.: bei Regen und im Winter. Direkt neben dem Pier 21 sind auf dem Strand mehrere Trampoline und Bungee-Trampoline aufgebaut, auf denen man sich in luftige Höhen aufschwingen kann (Preis: 9 € für 30 Min. auf dem normalen Trampolin, 10 € für 10 Minuten auf dem Bungee-Trampolin).
- › **Westbroekpark** (s. S. 86), Eintritt: gratis. Im Westbroekpark gibt es für Kinder eine große Spielwiese, einen Bootsverleih mit Kiosk und einen Spielplatz mit Seilbahn, Rutschen und Schaukeln.

Wassenaar für Kinder

- •144 **Duinrell,** Duinrell 1, Wassenaar, Tel. 070 5155258, www.duinrell.de (hier sind auch die wechselnden Öffnungszeiten und Preise zu finden), Bus 44 von Centraal Station Richtung Wassenaar, Haltestelle Duinrell. Klettern, rutschen, Boot und Achterbahn fahren, auf dem Floß übers Wasser, nass werden, sich im Kreis drehen – Duinrell ist ein Erlebnispark vom Feinsten. Große Kinder kommen in der Achterbahn und im Splash auf ihre Kosten. Für die Kleinen gibt es eine Märchenwelt und eine Eisenbahnfahrt durch die Trollengrotte. Und danach ab ins Tikibad, wo Wasserrutschen, ein Wellenbad und der Lazy River warten.

◁ Streicheln erwünscht – die Tiere vom Kinderbauernhof (s. S. 111) sind sehr zutraulich

Notfälle

- › **Allgemeiner Notruf** (Polizei, Feuerwehr und Krankenwagen): Tel. 112
- › **Feuerwehr** (in nicht lebensbedrohenden Fällen): Tel. 088 8868000
- › **Polizei** (in nicht lebensbedrohenden Fällen): Tel. 0900 8844
- › **Fundbüro:** Fundgegenstände werden online registriert: www.verlorenofgevonden.nl
- › **Zentrales Fundbüro der niederländischen Bahn:** Tel. 0900 3212100 (Mo.–Fr. 8–20 Uhr)
- › **ANWB Pannendienst:** Tel. 088 2692888
- › **Apotheken-Hotline:** Tel. 070 3451000
- › **Zahnarzt-Hotline** (für Abend- und Wochenenddienst): Tel. 070 3110305
- › **Tier-Ambulanz:** Tel. 070 3282828
- › **Medizinischer Notfalldienst in der Nacht:** Tel. 070 346 9669

Kartensperrung

Bei **Verlust der Debit/Giro-, Kredit-** oder **SIM-Karte** gibt es für Kartensperrungen eine **deutsche Zentralnummer** (unbedingt vor der Reise klären, ob die eigene Bank bzw. der jeweilige Mobilfunkanbieter diesem Notrufsystem angeschlossen ist). **Aber Achtung:** Mit der telefonischen Sperrung sind die Bezahlkarten zwar für die Bezahlung/ Geldabhebung mit der PIN gesperrt,

Notfall-Niederländisch

Notdienst	*spoedeisende hulp*
Hausarzt	*huisarts*
Krankenhaus	*ziekenhuis*
Schmerzen	*pijn*
Wartezimmer	*wachtruimte*
Zahnarzt	*tandarts*
Apotheke	*apotheek*
Krankenwagen	*ambulance/ ziekenauto*

nicht jedoch für das **Lastschriftverfahren mit Unterschrift.** Man sollte daher auf jeden Fall den Verlust zusätzlich **bei der Polizei zur Anzeige bringen,** um gegebenenfalls auftretende Ansprüche zurückweisen zu können.

In **Österreich** und der **Schweiz** gibt es keine zentrale Sperrnummer, daher sollten sich Besitzer von in diesen Ländern ausgestellten Debit- oder Kreditkarten vor der Abreise bei ihrem Kreditinstitut über den zuständigen Sperrnotruf informieren.

Generell sollte man sich immer die **wichtigsten Daten** wie Kartennummer und Ausstellungsdatum **separat notieren,** da diese unter Umständen abgefragt werden.

› **Deutscher Sperrnotruf:** Tel. +49 116116 oder Tel. +49 3040504050
› **Weitere Infos:** www.kartensicherheit.de, www.sperr-notruf.de

Öffnungszeiten

Gute Nachricht für alle Shopping-Fans: Im Zentrum von Den Haag haben viele **Geschäfte** auch am Sonntag geöffnet, und zwar von 12 bis 17 Uhr (leider ist die Stadt dann auch sehr voll). Ansonsten entsprechen die Öffnungszeiten nicht immer dem deutschen Standard, denn Geschäfte schließen teilweise schon um 17.30 Uhr. Die großen Supermärkte dagegen haben bis 20 oder auch 22 Uhr geöffnet (zum Beispiel Albert Heijn, s. S. 84). Nur am **Montagmorgen** sollte besser niemand auf die Idee kommen, z. B. frische Brötchen einzukaufen, denn **fast alle Geschäfte haben geschlossen** (Ausnahme: Albert Heijn).

Für Menschen, die lange arbeiten, gibt es in Holland die **avondwinkel,** meist kleine Tante-Emma-Läden, die bis Mitternacht geöffnet haben (z. B. Twinny's in der Aert van der Goesstraat 10 in Scheveningen). Hier bekommt man neben Zigaretten und Zeitungen auch frische Milch und Joghurt, Brot und Wurst, Mineralwasser und Bier, Konserven und manchmal auch frisches Gemüse.

An einem Donnerstag im Frühling findet in Den Haag eine *shoppingnight* statt, in der die Geschäfte bis Mitternacht geöffnet haben. In dieser Nacht profitieren die Kauflustigen zusätzlich von Rabatten und vielen Veranstaltungen (www.shopping night.nl).

Die **Museen** in Den Haag haben am Montag geschlossen. Auch an Weihnachten und an Neujahr ist ein Museumsbesuch nicht möglich.

Die großen **Banken** haben meist eine Filiale in der Innenstadt und sind von 9 bis 17 Uhr geöffnet.

Post

Briefmarken gibt es meist auch in Schreibwarengeschäften, Kiosken und kleinen Drogerien zu kaufen. Es gibt Briefmarken für die Niederlande und welche für Europa, die teurer sind. Ob man einen Brief oder eine Postkarte schreibt ist egal, es kommt nicht auf das Format, sondern auf das Gewicht an. Das Porto für eine normale Postkarte/einen Brief innerhalb Europas bzw. in die Schweiz kostet 1,55 €.

› *Wer sein Fahrrad behalten möchte, parkt es am besten auf einem bewachten Fahrradparkplatz*

Mit dem „fiets“ unterwegs

Ist in Deutschland das Fahrrad mitunter ein Statussymbol mit Turbogangschaltung, Scheibenbremssystem und „Full-Suspension“, so ist für den Holländer das „fiets“, also das Fahrrad, ganz pragmatisch ein **Fortbewegungs- und Transportmittel.** Die meisten Holländer haben ein „omafiets“, also ein schwarzes Hollandrad, das an Omas Zeiten erinnert. Selbst bei Jugendlichen ist es wieder „cool“, auf einem „omafiets“ zu fahren.

Mitgeschleppt wird auf dem Fahrrad alles: Eine ganze Kindergruppe findet im „bakfiets“ Platz. Der Surfer radelt barfuß im Neoprenanzug an den Strand, natürlich mit seinem Surfbrett in der Hand. Es werden Leitern und Bierkästen durch die Gegend geradelt. Der Hund wird im Fahrradkorb untergebracht, die Freundin auf dem Gepäckträger. Insgesamt legen die Niederländer ungefähr 14 Milliarden Kilometer jährlich auf ihrem Fahrrad zurück. Das sind flotte 2,5 Kilometer pro Person an einem einzigen Tag! In Den Haag und Umgebung gibt es dementsprechend viele Radwege – durch die Dünen, die Parks, an fast jeder Straße und am Wasser entlang.

Die **Fahrweise** der Holländer ist beeindruckend, weil vollkommen anarchistisch: Rote Ampeln werden locker ignoriert, gegen die Einbahnstraße darf sowieso gefahren werden und wer die Hand raushält, weil er um die Ecke fährt, muss ein Deutscher sein. Das Gleiche gilt für Radfahrer mit **Fahrradhelmen,** die in den Niederlanden noch nicht einmal der dreijährige „fiets beginner“ trägt.

In den Niederlanden werden pro Jahr übrigens **Hunderttausende Fahrräder gestohlen,** wobei die Zahl der verschwundenen E-Bikes von Jahr zu Jahr zunimmt. Viele der Räder, die man sieht, werden somit nicht vom eigentlichen Besitzer gefahren. Wer in den Niederlanden Urlaub machen möchte und sein Rad mitnimmt, sollte daher auch ein gutes Schloss im Gepäck haben.

048dh Abb.: ug

Radfahren

Holland ist das **Land der Radfahrer.** Mit keinem anderen Fortbewegungsmittel lässt sich das „Holland-Feeling“ so gut erleben. An jeder Straße führt parallel ein Radweg entlang, es stehen überall Metallbügel, um die Fahrräder anzuketten, und an vielen Plätzen gibt es auch bewachte Fahrradparkplätze, bei denen man für ein paar Cent sein Fahrrad stehen lassen kann. Nachdem es in Den Haag außer in den Dünen so gut wie keine Steigungen gibt, ist ein einfaches Hollandrad ohne Gangschaltung durchaus ausreichend.

- **145** [E9] **Fietsverhuur (Fahrradverleih) am Bahnhof Centraal Station,** Koningin Julianaplein 10, Tel. 070 3830039, tgl. 5–1.30 Uhr. Die niederländische Bahn vermietet für 4,55 € am Tag sogenannte OV-fietsen („Öffentlicher-Nahverkehr-Fahrräder“). Dafür muss man sich allerdings online registrieren. Weitere Infos unter www.ns.nl/en/door-to-door/ov-fiets. **Achtung:** Ab dem 1. Oktober 2024 ist der Betrieb des Fahrradverleihs aufgrund von Umbauarbeiten vorübergehend eingeschränkt. In dieser Zeit können Stellplätze in der Rujnstraat und in der Anna van Buerenstraat genutzt werden.
- **146** [C8] **Fietsverhuur Den Haag,** Noordeinde 39, www.fietsverhuurdenhaag.nl, Tel. 070 3265790, Sa. 9–19.30, So.–Fr. 9–18 Uhr, Fahrrad 10 € pro Tag, „bakfiets“ (zum Transportieren von Kindern) 26,50 €, Kaution 60 €. Fahrradverleih in unmittelbarer Nähe der wichtigsten Sehenswürdigkeiten.
- **147** [D2] **Haagsche Stadsfiets,** Keizerstraat 27, Scheveningen, Tel. 070 3554060 (man spricht deutsch), www.haagschestadsfiets.nl, April–Sept. tgl. 10–18 Uhr, im Winter So., Mo. geschlossen, Fahrrad 10 € pro Tag, auch Mountainbikes, Tandems und „bakfietsen“, Ausweis notwendig, keine Kaution!

Sicherheit

Den Haag und Scheveningen können für Besucher als **sicher** eingestuft werden. Sie sind zumindest keinesfalls unsicherer als andere Großstädte in Zentraleuropa. Die üblichen **Vorsichtsmaßnahmen** im Hinblick auf Schmuck, Handtaschen und Geldbeutel, Kameras u. a. Wertgegenstände, vor allem bei Massenaufläufen, Veranstaltungen, auf Märkten oder in öffentlichen Verkehrsmitteln, sind wie immer und überall angeraten. Ist man bestohlen worden, muss bei der Polizei (s. S. 113) Anzeige erstattet werden.

Sport und Erholung

Wassersport

Den Haag liegt am Meer und eignet sich damit hervorragend für alle Arten von Wassersport. Wer im Meer **schwimmen** möchte, sollte allerdings an die Strömung denken, die nicht ungefährlich ist. Am besten, man planscht in den Wellen und schwimmt erst gar nicht weit hinaus. Die Strömung ist auch der Grund, warum an den Stränden Luftmatratzen und Schlauchboote verboten sind.

Die Segelboote im Hafen deuten es an: Das Meer vor Den Haag ist ein ideales **Segelrevier.** Die Küste vor Scheveningen eignet sich auch sehr gut zum **Surfen.** Des Weiteren werden im Hafen von Scheveningen auch Powerboat- und Bananabootfahrten sowie Jetskis angeboten.

⊡ *Surfer-Feeling am Strand von Scheveningen*

S148 [C1] **Aloha Surfschule,** Strand Noord 2B, Scheveningen, http://alohasurf.nl (auch englisch), Tel. 070 3227171, Straßenbahn 11 (Haltestelle Strandweg), tgl. 8.30–22 Uhr. Während andere Beachclubs am Strand im Winter ihre Zelte abbrechen, bleiben die Holzhäuser der Surfschulen das ganze Jahr über stehen. So auch bei Aloha, das neben einer Surfschule auch ein Restaurant (Mo.–Do. 8.30–18, Fr., Sa. 8.30–22, So. 8.30–20 Uhr) und einen Board-Verleih am Strand unterhält. Unter Surfen versteht man hier Wellenreiten; Kurse und Privatstunden werden auch im Winter angeboten.

S149 [C1] **Hart Beach Surfschule,** Strandweg 3B, Scheveningen (unterhalb des Leuchtturms), Tel. 070 3502591, www.hartbeach.nl, Mo.–Sa. 8.30 Uhr bis Sonnenuntergang, So. 9 Uhr bis Sonnenuntergang, Straßenbahn 11, Haltestelle Strandweg. Bei Hart Beach kann man sich Surfboard, Neoprenanzug, Schuhe und Handschuhe ausleihen, aber auch Surfstunden nehmen. Angeboten werden Stunden im Wellenreiten (kein Wind- oder Kitesurfen!), und zwar als Schnupperkurs, 3- oder 5-Tage-Kurs oder in Form einer Privatstunde. Vorher sollte man anrufen und einen Termin machen.

S150 [C2] **Reederei Vrolijk – Hochseeangeln,** Dr. Lelykade 22a, Scheveningen, Tel. 070 3514021, www.rederijvrolijk.nl, Mo.–Sa. 8.30–17.30 Uhr, Straßenbahn 11, Haltestelle Duinstraat. Vom Hafen Scheveningen stechen jeden Tag Schiffe in See – mit an Bord sind die Angler. Angelzubehör kann gemietet, die Makrelen müssen selbst gefangen werden. Im Sommer auch Rundfahrten.

Reiten

S151 **Ruiter Recreatie Centrum Noordland**, Strandweg 1, 2691KE 's-Gravenzande, Tel. 0174 414639, www.manegenoordland.nl, www.bezoek-westland.nl/partner/ruiter-recreatie-centrum-noordland. Im Angebot sind ein- bis vierstündige Ausritte durch die Dünen bis zum Strand.

Sonstige Sportarten

S152 De Uithof, Jaap Edenweg 10, Den Haag, www.deuithof.nl, Schneehalle Mo., Di. 9–21, Mi.–Sa. 9–22, So. 9–20 Uhr, Kartbahn und Lasertag Di. 16–21, Mi. 14–22, Do., Fr. 16–22, Sa. 12–22, So. 12–20 Uhr, Straßenbahn 4 und Bus 25, Haltestelle de Uithof. Man fährt vielleicht nicht unbedingt zum Ski- und Schlittschuhfahren nach Den Haag, aber auch das ist von September bis März im Uithof möglich. Dazu kommen Indoor- und Outdoorklettern, Kartfahren, Lasertag und Trainieren im Fitnessstudio.

S153 Golfplatz Ockenburgh, Wijndaelerweg 125, Den Haag (Kijkduin), Tel. 070 3258904, www.golfockenburgh.nl, 8.30–22 Uhr. Ein Neunlochkurs kann für eine Greenfee ab 26 € bespielt werden.

Sprache

Auch diejenigen, die kein Niederländisch können, kommen in Den Haag gut weiter. Fast jeder Holländer spricht sehr gut **Englisch,** denn Fernsehfilme werden hier nicht so wie in Deutschland synchronisiert, sondern nur mit Untertiteln versehen. So kommt es, dass dank Derrick und Tatort auch **Deutsch** ganz gut verstanden wird („Harry, hol schon mal den Wagen“).

Wo keine Berge sind, gibt es eben Kletterwände, so wie hier im Uithof

MEIN TIPP

Sprachführer Niederländisch

Dieser Band eignet sich bestens für die schnelle Verständigung vor Ort und wendet sich vor allem an Einsteiger. Er enthält Ausspracheregeln, Wörterlisten und wichtige Redewendungen.

› **Niederländisch – Wort für Wort,** Kauderwelsch-Sprachführer, REISE KNOW-HOW Verlag, Bielefeld

Die Niederländer lernen schon früh in der Schule Fremdsprachen und sind es auch gewohnt, in einer anderen Sprache als ihrer eigenen zu kommunizieren. Dennoch freut sich jeder, wenn sich die Touristen im Strandlokal wenigstens ein **klein bisschen bemühen** und sich mit einem „bedankt" statt dem deutschen „danke" für den bestellten und an den Tisch gebrachten Kaffee bedanken.

Im Anhang dieses Reiseführers gibt es eine **Kleine Sprachhilfe** (s. S. 130), sodass man schon vor dem Urlaub ein wenig Niederländisch üben kann.

Stadttouren

Um Den Haag zu erkunden, kann man sich einer Tour **zu Fuß**, mit dem **Fahrrad oder Tuk-Tuk** anschließen, eine **Bootsfahrt** unternehmen oder – äußerst köstlich und sehr bequem – eine **kulinarische Straßenbahntour** unternehmen.

Mit der **Hoftrammm** erfüllte sich Bobby van Galen einen Traum, der dank Crowdfunding realisiert werden konnte. Besucher können sich an allen wichtigen Sehenswürdigkeiten der Stadt vorbeifahren lassen und während der über zweistündigen Fahrt ein Viergängemenü inklusive Wein- oder Bierarrangement genießen. Zubereitet wird es vom bekannten niederländischen Fernsehkoch Pierre Wind. Ein echtes Erlebnis!

› **Hoftrammm,** www.hoftrammm.nl/en. Buchung erfolgt über die Website (auch auf Englisch), Abfahrt an der Grote Kerk [B8], Straßenbahn 17, Haltestelle Gravenstraat. Die Tour kostet mit Fahrt, 5-Gänge-Menü und Getränken 89,50 €. Man sollte sich jedoch Monate im Voraus anmelden.

Totzo! bietet verschiedene Radtouren durch Den Haag und Scheveningen an. Zwischendurch wird angehalten und eine Tasse Kaffee getrunken. Auch Kinder sind willkommen und finden ihren Platz im „bakfiets" oder in einem Kindersitz. Vorherige Anmeldung erforderlich.

•**154** [C7] **Totzo! fietstours & excursies,** Noordeinde 39, Den Haag, Tel. 070 3265790, www.totzo.org, Straßenbahn 1, Bus 22 und 24, Haltestelle Kneuterdijk. Die Radtouren finden ab einer Teilnehmerzahl von zwei Personen statt. Auch über die Touristeninformation (s. S. 107) buchbar.

In Den Haag bietet sich außerdem die Möglichkeit, sich mit einem knallbunten motorisierten Dreirad, dem sogenannten **Tuk-Tuk**, durch die Stadt fahren zu lassen. Informationen gibt es im Internet unter www.tuktuk-denhaag.nl (auch auf Deutsch) oder telefonisch bei Tuk Tuk Den Haag (Mobil-Tel. 0652 606402).

Freiwillige organisieren **Bootsfahrten** durch die Grachten. Zwar sollte man keinen Vergleich zu denjenigen in Amsterdam ziehen, doch auch hier haben die Grachten ihren Reiz. Die Fahrt geht vorbei am Multikultiviertel Schilderswijk, den Häusern von Baruch de Spinoza, Paulus Potter und Mata Hari

051dh Abb.: ug

sowie an der Mauritskade und den königlichen Stallungen. Da die Brücken oftmals sehr niedrig sind, muss man darauf achten, den Kopf einzuziehen.

- •155 [C9] **De Ooievaart,** Bierkade 18B, Den Haag, Bus 18, Haltestelle Bierkade, Tel. 070 4451869, www.ooievaart.nl, Preis: 13,50 €, Kinder 9,50 €. Karten können über das Internet (auch auf Englisch) oder über den The Hague Info Store (s. S. 107) reserviert werden. Dauer der Bootsfahrt: ca. 90 Minuten.

Kulturnetz aan Zee bietet deutschsprachige **Führungen zu Kunst und Kultur** in Den Haag (www.kulturnetz-aan-zee.nl).

Wer mit dem Boot durch die Grachten Den Haags fährt, muss zwischendurch den Kopf einziehen

Telefonieren

In der EU gibt es **keine Roaminggebühren** mehr. Damit ist das Telefonieren und Surfen mit dem Handy im EU-Ausland so günstig wie zu Hause – es sei denn, man nutzt das Handy im Ausland über einen längeren Zeitraum hinweg, dann können je nach Anbieter Nutzungsobergrenzen gelten. Wer innerhalb Hollands viel telefonieren will, der kann sich z. B. bei Albert Heijn (s. S. 84) oder in einem

Telefonvorwahlen

- Deutschland: +49
- Österreich: +43
- Schweiz: +41
- Niederlande: +31
- Den Haag: 070

Telefongeschäft eine **niederländische Prepaidkarte** besorgen.

Handys werden in Holland liebevoll *mobieltje* genannt. Wenn übrigens ein Holländer von *bellen* redet, dann spricht er nicht von Hunden, sondern über das Telefonieren, denn *bellen* heißt „anrufen".

Unterkunft

Den Haag ist Regierungssitz, Stadt der Botschaften und Ministerien, der internationalen Institutionen und Unternehmen und der Wohnsitz des Königs und seiner Familie, daher gibt es relativ viele **Luxushotels**, teilweise mit einer sehr langen Tradition wie das Kurhaus 20 und das Hotel Des Indes 11. Man kann hier stilvoll, luxuriös und in bester Lage nächtigen, muss dafür aber auch entsprechend tief in die Tasche greifen.

Doch auch diejenigen, die nicht die komplette Urlaubskasse für ein schönes Dach über dem Kopf ausgeben möchten, können in Den Haag **preiswertere Unterkünfte** finden. Dazu sollte man mal im Internet stöbern und sich die Tipps auf den folgenden Seiten ansehen. Nicht vergessen: Den Haag hat **im Sommer** drei viel besuchte Strandbäder. Das heißt, dass dann die Preise ansteigen und die Zimmer schnell ausgebucht sind. Daher am besten **rechtzeitig reservieren.**

Eine gute Möglichkeit für junge Leute, in Den Haag günstig zu übernachten, bieten **Hostels.** Für ein paar Euro bekommt man dann einen Schlafplatz in einem Mehrbettzimmer – gute Laune und viel „Action" inklusive.

In ganz Den Haag fällt eine **Touristensteuer** an. Sie beträgt 6 € für Hotels und B&Bs und 2,75 € für Campingplätze pro Person und Nacht.

Preiskategorien

Die Preise der angegebenen Hotels gelten für ein Doppelzimmer, Frühstück nicht immer inbegriffen. Die Hotels sind in folgende Kategorien eingeteilt:

€	bis 100 €
€€	100–200 €
€€€	ab 200 €

Wer seine Unterkunft von Zuhause online buchen möchte, kann das u. a. über die folgenden Internetadressen erledigen:

- www.scheveningen-strand.de
- www.holland.com/de

Hotels

156 [C8] **EasyHotel** €, Parkstraat 31, Zentrum, Tel. 070 2116365, www.easyhotel.com, Straßenbahn 1, Haltestelle Kneuterdijk. **Modern, preisgünstig und zentrumsnah:** Zwar gibt es weder Schränke noch Minibar und Frühstücksraum, aber dafür kann man im benachbarten Café frühstücken.

20 [F1] **Grand Hotel Amrâth Kurhaus** €€. **Legendäres Strandhotel:** dort übernachten, wo schon Hillary Clinton geschlafen und die Rolling Stones gespielt haben, im Kurhaus in Scheveningen. Das traditionsreiche 5-Sterne-Hotel liegt direkt am Strand. Glücklich ist der, der ein Zimmer mit Meerblick ergattern kann, denn die Aussicht ist fantastisch! Aber auch im Inneren des Hauses gibt es viel zu staunen: Im riesengroßen, wunderschönen Kursaal mit den Deckengemälden und den prächtigen Kronleuchtern wird das Frühstück serviert. Zum Kurhaus gehört das **Restaurant Waves,** das Mittag- und Abendessen sowie High Tea mit Meerblick anbietet (s. S. 38).

Buchungsportale

Neben Buchungsportalen für **Hotels** (z. B. www.booking.com, www.hrs.de oder www.trivago.de) bzw. für **Hostels** (z. B. www.hostelworld.com) gibt es auch Anbieter, bei denen man **Privatunterkünfte** buchen kann. Portale wie www.airbnb.de oder www.wimdu.de vermitteln Wohnungen, Zimmer oder auch nur einen Schlafplatz auf einer Couch. Diese oft recht günstigen Übernachtungsmöglichkeiten sind nicht unumstritten, weil manchmal normale Wohnungen gewerblich missbraucht werden. Einige Städte greifen deshalb regulierend ein.

11 [D8] **Hotel Des Indes** €€€. **Übernachten zwischen Fürsten und Politikern:** das schickste Hotel Den Haags mit einem unvergleichlichen Belle-Époque-Ambiente. Die Preise variieren – Zimmer manchmal schon ab 180 € bis hin zu 1500 € für die Präsidentensuite (s. S. 26). Hotel-Concierge Gert Jan van Engh erfüllt den Gästen jeden Wunsch.

157 [B8] **Ibis Den Haag City Centre** €, Jan Hendrikstraat 10, Den Haag, Tel. 070 2039001, www.ibishotel.com, Straßenbahn 17, Haltestelle Gravenstraat. **Schlichte Zimmer, aber mitten im Zentrum:** ganz in der Nähe von Grote Kerk, Oude Stadhuis und Passage.

158 [F2] **Ibis Den Haag Scheveningen** €€, Gevers Deynootweg 63, Scheveningen, Tel. 070 3543300, www.ibishotel.com, Straßenbahn 1 und Bus 22, Haltestelle Scheveningseslag. **Nur ein paar Meter vom Strand entfernt:** Nur die Straße überqueren, ein paar Meter laufen – und schon ist man an der Strandpromenade!

159 [C8] **Indigo Hotel** €€€, Noordeinde 33, Tel. 070 2099000, www.hotelindigo.com. **Stilvoll neben dem Palast schlafen:** Mitten in der Stadt und gegenüber dem Palast Noordeinde hat sich in einem früheren Bankgebäude ein 4-Sterne-Hotel der InterContinental Group niedergelassen. Die 63 Zimmer sind gemütlich eingerichtet, und am Abend lädt die Bar neben dem früheren Safe der Bank zu einem Drink.

160 [B2] **Inntel Hotels Den Haag Marina Beach** €€, Strandweg 1, Tel. 070 2170710, www.inntelhotelsdenhaagmarinabeach.nl. **Architektonischer Eyecatcher direkt am Strand:** sehr schönes neues Hotel mit 226 luxuriösen Zimmern, die einen wunderbaren Blick über die Nordsee, den Noorderstrand und die Skyline von Den Haag bieten. Es gibt ein Spa und eine Bar/Brasserie. Das Hotel setzt auf Nachhaltigkeit.

161 [D4] **Leonardo Royal Hotel** €€€, Van Stolkweg 1, Scheveningen, Staten-

156dh Abb.: ©Arjan de Jager, The Hague & Partners

180dh Abb.: ug

kwartier/Diplomatenviertel, Tel. 070 3525161, www.leonardo-hotels.com/the-hague/leonardo-royal-hotel-den-haag-promenade, vom Buitenhof Straßenbahn 1 in Richtung „Scheveningen/Noorderstrand", Haltestelle World Forum. 200 bis 900 € für eine Luxussuite, es gibt aber saisonal bedingt immer günstigere Angebote. **Business-Hotel mit fantastischem Spa:** Das Haager Leonardo Royal ist ein beliebtes Hotel der Diplomaten, denn es liegt im Diplomatenviertel und hat einen großen Vorteil: viele Parkplätze. Das UN-Tribunal und das Haager World Forum Convention Center sowie Madurodam 27 sind „um die Ecke".

162 [C9] **Mercure Den Haag Central** €, Spui 180, Den Haag Zentrum, Tel. 070 2039002, www.mercure.com, Straßenbahn 1 und 15 (Haltestelle Centrum), sowie Straßenbahn 2, 3, 4 und 6 (Haltestelle Spui). **Modern und mittendrin:** Zentraler kann man in Den Haag kaum übernachten, denn das Mercure liegt mitten in der Stadt. Das modern eingerichtete Hotel hat 159 Zimmer. Ein Kind kann im Zimmer der Eltern kostenlos übernachten.

163 NH Atlantic €, Deltaplein 200, Den Haag (Kijkduin), Tel. 070 4482482, www.nh-hotels.nl, Bus 24, Haltestelle Kijkduin Strand. **Mit Blick auf den Strand:** in fantastischer Lage direkt am Strand von Kijkduin mit einer spektakulären Terrasse. Das Stadtzentrum ist zwar ein klein wenig entfernt, aber der Bus hält direkt vor der Tür. Für ein Viersternehotel sind die Preise moderat und liegen meist unter 100 € pro Nacht, allerdings ohne Frühstück. Das Atlantic verfügt auch über Themenzimmer, zum Beispiel das Hochzeitszimmer, das Motto-Kinderzimmer sowie den Lady's Room. Zusätzlich gibt es Hallenbad, Sauna und Beauty Farm.

Stilvoll übernachten gegenüber vom Königspalast: im Indigo Hotel

Blick vom Wasser aufs Meer: im Inntel Hotels Den Haag Marina Beach

164 [C8] **Novotel Den Haag City Centre** €€, Hofweg 5–7, Zentrum, Tel. 070 2116365, www.accorhotels.com, Straßenbahn 1 und 15, Haltestelle Centrum. **Mitten in der Stadt:** Es gibt fast 200 Zimmer, darunter auch solche für Familien. Die Räume sind mit bequemen Betten und Bad ausgestattet. Außerhalb der Ferienzeit bekommt man hier ein Doppelzimmer für unter 100 Euro.

165 [C8] **Paleis Hotel** €€€, Molenstraat 26, Den Haag, Tel. 070 3624621, www.paleishotel.nl, Straßenbahn 17, Haltestelle Gravenstraat. **Einmal der Nachbar des Königs sein!** Im Paleishotel ist es möglich, denn das wunderschöne kleine Boutiquehotel liegt direkt neben dem Palast Noordeinde im Herzen des historischen Hofquartiers und in der Nähe hervorragender Restaurants und edler Geschäfte. Die 20 renovierten Zimmer strahlen das Flair hochherrschaftlicher Häuser aus. Die Gardinen sind schwer, die Betten herrlich bequem, das Porzellan handbemalt. Sehr idyllisch ist auch der kleine Hofgarten.

054dh Abb.: res

166 [A5] **Residenz** €€, Sweelinckplein 35, Tel. 070 3646190, www.residenz.nl, Straßenbahn 3 (Haltestelle Van Speijkstraat), Straßenbahn 17 und Bus 24 (Haltestelle Groot Hertoginnelaan). **Majestätisches Herrenhaus:** Früher residierte in diesem wunderschönen Herrenhaus von 1896 der Konsul von Spanien, heute empfängt Petra Mallant die Gäste. Das Haus wirkt mit seiner stilvollen Einrichtung majestätisch. Vier Suiten gibt es in diesem kleinen Hotel an einem der schönsten Plätze Den Haags, ausgestattet mit offenen Kaminen, sehr guten Betten, Blumen, Sitzecke, Wasserkocher und Bademänteln. Die Farbe Schwarz dominiert und macht die Atmosphäre edel und dennoch gemütlich. Wer will, kann sich das Frühstück (ohne Aufpreis) auf das Zimmer bringen lassen. Schön ist es auch, im Wohnzimmer oder Garten zu frühstücken. Das Ausleihen von Fahrrädern ist gratis.

167 [B4] **The Hague Marriott Hotel** €€, Johan de Wittlaan 30, Scheveningen, Tel. 070 3525354, www.marriott.de, Straßenbahn 17 und Bus 24, Haltestelle Kunstmuseum/Museon. **Modern und nachhaltig:** Wer im Marriott nächtigt, der schläft in direkter Nachbarschaft zum niederländischen Ministerpräsidenten Mark Rutte, dessen offizieller Amtssitz, das „Catshuis", direkt gegenüber liegt. Außerdem ist das Marriott als Standort besonders günstig gelegen: Gleich nebenan befinden sich das Museon-Omniversum (s. S. 112) und das Kunstmuseum 26, eines der bedeutensten Museen für Moderne Kunst der Niederlande. Zu Fuß ist es nicht weit ins Staa-

Das The Hague Marriott Hotel besticht durch Modernität und Größe

Übernachten in der Residenz, einem Den Haager Herrenhaus

144dh Abb.: ©The Hague Marriott Hotel

tenkwartier 25, wo man sehr gut shoppen kann. Aber auch die Innenstadt ist schnell per Fahrrad, Auto oder Straßenbahn erreichbar. Unter dem neuen General-Manager André Aaij ist der Service und vor allem das fulminante Frühstücksangebot noch besser geworden. Außerdem sehr gute Dinner-, Snack- und Weinkarte, gemütliche, helle Lobby mit schöner Bar, Fahrradverleih, Shuttlebus zum Blumenparadies Keukenhof 28, Konferenz- und Business Center. Die Marriott-Hotel-Gruppe achtet auf ein ökologisch orientiertes Wasser- und Energiemanagement, Recycling, kauft Lebensmittel nach Bio-Kriterien ein und unterstützt aktiv die Biodiversität.

168 [C8] **voco The Hague** €€€, Kneuterdijk 8, Den Haag, Tel. 070 2185600, www.ihg.com/voco. **Im Herzen von Den Haag:** Nur einen Katzensprung vom Parlament und den Einkaufszentren entfernt kann man in der einstigen Residenz der ABN AMRO Bank ruhig schlafen – und gut essen. Im Wintergarten gibt es zwei Restaurants, zum Aperitif laden zwei Bars. Es gibt einen Durchgang zur Noordeinde, eine der Prachtstraßen Den Haags.

Hostels

169 [B9] **Hostel The Hague** €, Lutherse Burgwal 5, Tel. 0702204026, http://hostelthehague.com. **Ein Glas Bier zur Begrüßung:** Mitten im Zentrum von Den Haag liegt dieses Hostel mit trendigen Zimmern und der Bar Gekke Geit, wo man auch etwas Kleines essen und trinken kann. Gratis dazu: prima Atmosphäre, viele Feste und die besten Insider-Tipps. Übernachtung im Mehrbettzimmer ab 23 €. Steile Treppen.

170 [D2] **Jorplace Beach Hostel** €, Keizerstraat 296, Scheveningen, Tel. 070 3383270, www.jorplace.nl, Straßenbahn 1, Haltestelle Keizerstraat. **Wo die Surfer übernachten:** Die 92 Betten sind auf verschiedene Zimmer verteilt – vom Doppelzimmer bis zum 16-Personen-Zimmer mit Stockbetten. Bettwäsche sowie Frühstück sind im Preis inbegriffen, die Duschen befinden sich auf dem Gang. Preis im Mehrbettzimmer ab 19 € pro Person und Nacht, Fahrräder gibt es für 5 € am Tag.

171 **Stayokay** €, Scheepmakersstraat 27 (5 Min. zu Fuß vom Bahnhof Hollands

Spoor), Tel. 070 3157888, www.stayokay.com/denhaag. **Schlafen an der Gracht:** Die ehemalige Jugendherberge besticht durch ihre Design-Einrichtung. Insgesamt gibt es 220 Betten, aufgeteilt auf alle möglichen Zimmergrößen – von 2- bis 9-Bett-Zimmern, alle mit eigenem Bad. Tolle Lage an einer Gracht, an der Boote anlegen können und man gemütlich im Freien sitzen kannn. Brasserie, Restaurant, Waschservice und Radverleih vor Ort. Preis pro Person und Nacht ab 18 € im Mehrbettzimmer.

Bed and Breakfast

› **BizStay The Hague** €€€, Lange Voorhout 53, Den Haag, Tel. 070 2601269, www.bizstaythehague.com. **Im Zentrum von Den Haag und in Scheveningen:** Vermietung luxuriös ausgestatteter Apartments. Beste Lagen, tolle Willkommenspakete, wenn gewünscht auch mit Abholservice vom Flughafen, Lunch oder Dinner.

Camping

⚠172 **Campingplatz Duinrell,** Duinrell 1, Wassenaar, Tel. 070 5155255, www.duinrell.de/ferienpark/camping, Preise ab 40 € pro Platz, ganzjährig, Bus 44 von Centraal Station Den Haag Richtung Wassenaar, Haltestelle Duinrell. **Campingplatz mit Freizeitpark:** Ein Paradies für Kinder, denn dieser Campingplatz grenzt direkt an den Freizeitpark Duinrell, dessen Eintrittspreis im Preis inbegriffen ist. Nun heißt es von früh bis spät: Achterbahn, Piratenschiff und mit dem Floß fahren. Aber auch Meer und Dünen sowie ein Freizeitbad (Tikibad, ermäßigter Eintritt für Campingplatzgäste) sind in unmittelbarer Nähe. Neben Stellplätzen für Zelte und Wohnwagen, kann man hier auch sog. *duingalows* mieten.

⚠173 **Urlaubszentrum Kijkduinpark,** Machiel Vrijenhoeklaan 450, Den Haag, Tel. 070 4482100, www.kijkduinpark.nl, ganzjährig, Bus 24, Haltestelle Kijkduin, dann in den Pendelbus 24 P, Haltestelle Vakantiecentrum Kijkduinpark. **Zu Fuß zum Strand:** tolle Lage, direkt hinter den Dünen, in Laufabstand vom Strand Kijkduin. Angeboten werden Dünenvillen, gemütliche Strandhäuschen und Stellplätze für Zelt/Wohnwagen. Kinderfreundlicher Platz mit Hallenbad, Spielplätzen, großem Supermarkt, Restaurant, Tennisplätzen, Tischtennisplatten, Fahrradverleih und Waschsalon. Golfplatz in unmittelbarer Nähe. Im Sommer gibt es ein Animationsprogramm für Kinder. Preise: 31–48 € für Komfortparzellen, in der Hauptsaison teilweise Mindesaufenthalt.

Verkehrsmittel

Bus und Straßenbahn

Die niederländischen Behörden möchten den Autoverkehr aus den Städten fernhalten, daher sind Parkplätze begrenzt und teuer und der öffentliche Nahverkehr (HTM) dafür gut ausgebaut. In Den Haag gibt es ein großes Straßenbahn- und Busnetz, sodass man auch ohne Auto überall hinkommt. Die meisten **Busse** und **Straßenbahnen** halten an den Bahnhöfen Den Haag Centraal und Hollands Spoor, weitere Knotenpunkte sind der Spui und die Marktstraat mitten in der Stadt.

☒ *Mit der „Tram", der Straßenbahn, kreuz und quer durch Den Haag und Scheveningen*

Eine weitere Bahnvariante ist die sogenannte **RandstadRail,** die in der Stadt als Straßenbahn (Nummer 3 und 4) und außerhalb Den Haags als Nahverkehrszug eingesetzt wird. Für diese moderne Schnellbahn wurde extra in der Innenstadt ein Tunnel gegraben und das Schienennetz ausgebaut. Wer die RandstadRail benutzt, muss sein Ticket **am Bahnsteig stempeln** – in der Bahn selbst ist es nicht mehr möglich.

Am einfachsten ist es, bei der Nahverkehrsgesellschaft HTM am Zentralbahnhof (Centraal Station, [E9]) oder beim The Hague Info Store (s. S. 107) eine **Tageskarte** zu erwerben (8 € für Erwachsene, für Kinder bis vier Jahre kostenlos). Sie ist auch in einigen Hotels erhältlich. Man kann auch **Stundenfahrkarten** (4,50 €) direkt im Bus oder in der Straßenbahn (mit Ausnahme der RandstadRail) kaufen. Alternativ gibt es die Möglichkeit, die offizielle App des HTM herunterzuladen und sich das Ticket direkt aufs Smartphone zu laden.

Wer länger bleibt, für den lohnt sich der Kauf einer *OV-chipkaart.* Das ist eine Plastikkarte, die über einen Automaten aufgeladen wird und in allen Bussen, Straßenbahnen und Zügen der Niederlande gültig ist. Die Karte ohne Guthaben kostet 7,50 €.

Seit einiger Zeit kann man zudem direkt mit der **Kredit- bzw. Debitkarte** an den Lesergeräten ein- und auschecken. Auch mit dem **Smartphone** ist dies möglich, wenn es über eine mobile Bezahlfunktion verfügt. Der Preis für die jeweilige Fahrt wird dann jeweils vom Konto abgebucht.

› Alle Verkaufsstellen der *OV-chipkaart* sowie das Liniennetz sind über die Website www.htm.nl abrufbar.
› Die offizielle **App des HTM** (HTM info & tickets) zeigt Bus- und Straßenbahnhaltestellen an, informiert über Fahrpläne und Störungen und hilft bei der Planung von Fahrten. Zudem kann man Tickets kaufen (kostenlos für iOS und Android).
› Auch unter **www.9292.nl** (auch auf Englisch) kann man sich darüber informieren, wie man mit öffentlichen Verkehrsmitteln von Tür zu Tür kommt.

159dh Abb.: ©EnginKorkmaz, stock.adobe.com

Taxi

Taxifahren ist in Den Haag **relativ teuer** und die **dunkelblauen Taxis** sind nicht unbedingt an jeder Straßenecke zu finden. Taxistände gibt es an den beiden Bahnhöfen Den Haag Centraal und Hollands Spoor sowie vor dem Binnenhof. Der Fahrdienstanbieter Uber ist auch in Den Haag aktiv.

› **Hofstad Taxicentrale,** Tel. 070 3462626 oder online unter www.hofstadtax.nl
› **City Tax,** Tel. 070 3830830
› **HTMC,** Tel. 070 3907722
› **Algemene Taxi Centrale,** Tel. 070 5555555

Tuk-Tuk

Diese knallbunten, motorisierten Dreiräder aus Thailand machen das Stadtbild Den Haags um einiges fröhlicher. Entweder man hält ein Tuk-Tuk direkt an der Straße an oder man bestellt es per Telefon.

› **Tuk Tuk Den Haag,** Tel. 06 52606402, www.tuktuk-denhaag.nl, So.-Mi. 12-20, Do.-Sa. 12-2 Uhr, Preis auf Anfrage

Uber

Auch das internationale Unternehmen Uber bietet in Den Haag seine Dienste an.

› www.uber.com

Wetter und Reisezeit

Eine Reise nach Den Haag lohnt sich zu jeder Jahreszeit, denn die Stadt hat kulturell viel zu bieten. Auch der Strand ist sowohl im Sommer als auch im Winter ein Erlebnis, je nachdem ob man sich den kühlen Wind am einsamen Strand um die Nase wehen lassen möchte oder sich lieber an warmen Sommertagen ins Meer stürzen will.

Das Meer ist auch der Grund, warum die **Winter in Den Haag mild** und die **Sommer nicht zu heiß** sind. Der Wind weht so gut wie immer und vertreibt so manche Wolke am Himmel. Zu empfehlen ist daher der „Zwiebel-Look“: Sind Wolken am Himmel, kann es etwas kühler sein und Jacke und Pulli sind notwendig. Scheint dagegen die Sonne und lässt der Wind nach, kann man ruhig ein paar Kleidungsschichten ablegen und sich auch bereits im März ein gemütliches Plätzchen im Freien suchen.

Kunst und Genuss: das Mädchen mit dem Perlenohrring als Wandgemälde in der Oude Molstraat [C8]

Durchschnitt	Jan	Febr	März	Apr	Mai	Juni	Juli	Aug	Sept	Okt	Nov	Dez
Wetter in Den Haag												
Maximale Temperatur	5°	6°	9°	12°	17°	20°	21°	20°	18°	14°	10°	7°
Minimale Temperatur	1°	0°	2°	4°	7°	10°	12°	12°	8°	7°	4°	2°
Regentage	14	8	12	8	9	9	10	9	11	12	13	13
Wassertemperatur	5°	5°	5°	7°	10°	13°	16°	17°	16°	14°	10°	8°

ANHANG

181dh Abb.: dhm

Kleine Sprachhilfe

Die folgenden Wörter und Redewendungen wurden dem Kauderwelsch-Reisesprachführer „Niederländisch – Wort für Wort" aus dem Reise Know-How Verlag entnommen und sollen dem Leser eine erste kurze Einführung in die niederländische Sprache bieten.

Aussprache

Die folgenden Buchstaben(-kombinationen) werden anders als im Deutschen ausgesprochen. Die zweite Spalte gibt die Lautschrift wieder.

ch, g	ch	raues „ch" wie in „lachen"
g	sh	bei französ. Wörtern vor e, i, y wie zweites „g" in „Garage"
ng	ng	„ng" wie im Deutschen „bringen"
e	è	kurzes „e" wie in „bitte"
ei, ij	äj	wie „ey"
eu	öö	wie ein langes „ö"
oe	u	kurzes „u" wie in „Bus"
ou	au	wie „au" in „Maus"
s	ß	stimmloses „s" wie in „Bus"
sch	ßch	wie „ß" und dann „ch" in „Häuschen" (kein deutsches „sch")
sj	sch	deutsches „sch" wie in „Schule"
tj	tch	zwischen „tch" und „tj" wie in „Kärtchen"
u	üü	langes „ü" wie in „Mühe", oder:
	ö	kurzer Laut zwischen „i" und „ö"
ui	öi	etwa wie „öi" in „Feuilleton"
v	v	zwischen „f" und „w"
z	s	stimmhaftes „s" wie in „Rose"

Am Wortende gibt es folgende Besonderheiten:

-b	-p	wie „p"
-d	-t	wie „t"
-ig	-èch	„ech" mit weichem „ch" (kein „ä")
-isch	-ieß	„ieß" (mit langem „i")
-n		wird manchmal verschluckt
-lijk	-lèk	„lek", klingt fast wie „lök"
-tie	-zie	„zie" (mit langem „i")

Häufig gebrauchte Wörter und Redewendungen

Wochentage

maandag	maandach	Montag
dinsdag	dinßdach	Dienstag
woensdag	wunßdach	Mittwoch
donderdag	dondèrdach	Donnerstag
vrijdag	vräjdach	Freitag
zaterdag	saatèrdach	Samstag
zondag	sonndach	Sonntag

Zahlen

0	*nul*	nöll
1	*een*	een
2	*twee*	twee
3	*drie*	drie
4	*vier*	vier
5	*vijf*	väjf
6	*zes*	säß
7	*zeven*	seevèn
8	*acht*	acht
9	*negen*	neechèn
10	*tien*	tien
11	*elf*	älf
12	*twaalf*	twaalf
13	*dertien*	därrtien
14	*veertien*	veertien
15	*vijftien*	väjftien
16	*zestien*	säßtien
17	*zeventien*	seevèntien
18	*achtien*	achtien
19	*negentien*	neechèntien
20	*twintig*	twintich

+++ Die wichtigsten Wörter mit dem Bonus-Audiotrack des Kauderwelsch-

21	*eenentwintig*	eenèntwintich	100	*honderd*	hondèrd
22	*tweeëntwintig*	tweeèntwintich	101	*honderdeen*	hondèrdeen
23	*drieëntwintig*	drieèntwintich	102	*honderdtwee*	hondèrdtwee
30	*dertig*	därrtich			(usw.)
40	*veertig*	veertich	200	*tweehonderd*	tweehondèrd
50	*vijftig*	väjftich	300	*driehonderd*	driehondèrd
60	*zestig*	sßtich	1000	*duizend*	döisènd
70	zeventig	seevèntich	2000	*tweeduizend*	tweedöisènd
80	*tachtig*	tachtich	10.000	*tienduizend*	tiendöisènd
90	*negentig*	neechèntich	1.000.000	*een miljoen*	een milljunn

Die wichtigsten Fragewörter

welke?	wällkè	welches?
wat voor een?	wat voor een	was für ein?
waar?	waar	wo?
waarvandaan?	waarvanndaan	woher?
waarnaartoe?	waarnaatu	wohin?
waarom?	waaromm	warum?
hoe?	hu	wie?
hoeveel?	huveel	wie viel?
wanneer?	wanneer	wann?
waarmee?	waarmee	womit?

Die wichtigsten Richtungsangaben

(naar) rechts/links	naar rächtß/linkß	(nach) rechts/links
rechtdoor	rächtdoor	geradeaus
terug	tèröch	zurück
tegenover	teechènoovèr	gegenüber
tussen	tößèn	zwischen
voor – achter	voor – achtèr	vor(ne) – hinten/-r
over – onder	oovèr – onndèr	über – unter
hier – daar	hier – daar	hier – dort
ver – dichtbij	värr – dichtbäj	weit – nah
buiten	böitèn	außerhalb
in het centrum	in hèt ßäntröm	im Zentrum

Die wichtigsten Zeitangaben

(over)morgen	(oovèr)morchèn	(über)morgen
's morgens	ßmorchènß	morgens
's middags	ßmiddachß	mittags
's avonds	ßavèndß	abends
dagelijks	daachèlèkß	täglich
eerder – later	eerdèr – laatèr	früher – später
nou, nu – gauw	nau, nü – chauw	jetzt – bald

Die wichtigsten Fragen

Wat is dat? wat iß dat	Was ist das?
Kunt u me vertellen ...? könnt ü mè vèrtällèn	Können Sie mir sagen ...?
Is er ...? – Heeft u ...? iß èr – heeft ü	Gibt es ...? – Haben Sie ...?
Ik wou graag ... ik wau chraach	Ich hätte gerne ...
Ik zoek ... – Ik neem ... ik suk – ik neem	Ich suche ... – Ich nehme ...
Waar vind ik ...? waar vind ik	Wo finde ich ...?
Ik heb ... nodig. ik häp noodich	Ich brauche ...
Waar kan ik ... kopen? waar kann ik ... koopèn	Wo kann ich ... kaufen?
Kunt u me ... geven? könnt ü mè ... cheevèn	Können Sie mir ... geben?
Hoeveel kost dat? huveel koßt dat	Wie viel kostet das?
Waar is ...? waar iß	Wo ist ...?
Hoe kom ik naar ...? hu komm ik naar	Wie komme ich nach ...?
Hoeveel kost de rit naar ...? huveel koßt dè rit naar	Wie viel kostet die Fahrt nach ...?
Ik wil graag naar ... ik will chraach naar	Ich möchte nach ... (Taxi)
Hoe lang duurt ...? hu lang düürt	Wie lange dauert ...?

Die wichtigsten Floskeln und Redewendungen

ja – nee jaa – nee	ja – nein
dank u – dank je wel dank ü – dank jè wäl	danke (geduzt – gesiezt)
alsjeblieft – alstublieft aßjèblieft – aßtüblieft	bitte (geduzt – gesiezt)
Graag gedaan. chraach chèdaan	Keine Ursache./ Gern geschehen.
Dankjewel, hetzelfde! dankjèwäl, hètsälfdè	Danke gleichfalls! (geduzt)
Goedemorgen!/Goededag! chujèmorchèn/chujèdach	Guten Morgen/Tag!

Goedenavond! chujènaavènd	Guten Abend!
Welterusten! wälltèrößtèn	Gute Nacht!
Welkom! wällkomm	Willkommen!
Hallo!/Hoi! - Doei! hallo/hoj - duj	Hallo! - Tschüss!
Tot ziens! tott sienß	Auf Wiedersehen!
Tot gauw. tot chauw	Bis bald.
Hoe gaat het (met jou/u)? hu chaat hèt (mät jau/ü)	Wie geht's (dir/Ihnen)?
Dank u wel, goed! dank ü wäll, chut	Danke, gut! (gesiezt)
Eet smakelijk! - Proost! eet ßmaakèlèk - prooßt	Guten Appetit! - Prost!
Sorry! - Het spijt me. ßorrie - hèt ßpäjt mè	Entschuldigung! - Es tut mir leid.
Is niet erg!/Is Okee! iß niet ärch/iß okee	Macht nichts! (Antwort auf Entschuldigung)

Nichts verstanden? – Weiterlernen!

Ich spreche kaum Niederländisch.	*Ik spreek bijna geen Nederlands.* ik ßpreek bäjna cheen needèrlandß
Wie bitte? (geduzt/gesiezt)	*Wat zeg je/zegt u?* wat säch jè/sächt ü
Ich habe dich/Sie nicht verstanden.	*Ik heb je/u niet verstaan.* ik häp jè/ü niet vèrßtaan
Sprichst du/sprechen Sie Englisch/ Deutsch?	*Spreek jij/spreekt u Engels/Duits?* ßpreekt ü/ßpreek jäj ängelß/döitß
Was heißt ... auf Niederländisch/ Deutsch?	*Wat is ... in het Nederlands/Duits?* wat iß ... in hèt needèrlandß/döitß
Kannst du/können Sie das wiederholen?	*Kun je/Kunt u dat nog een keer zeggen?* könn jè/könnt ü dat noch een keer sächèn
Könnten Sie etwas langsamer sprechen?	*Zou u iets langzamer kunnen spreken?* sau ü ietß langsaamèr können ßpreekè
Was bedeutet dieses Wort?	*Kunt u me vertellen wat dit woord betekent?* könnt ü mè vèrtällèn wat dit woord bèteekènt
Wie spricht man dieses Wort aus?	*Hoe spreekt u dit woord uit?* hu ßpreekt ü dit woord öit
Können Sie mir das bitte aufschreiben?	*Wilt u mij dat alstublieft opschrijven?* willt ü mäj dat aßtüblieft opßchräjvèn

Register

Impressum

Ulrike Grafberger, Helmut Hetzel

CityTrip Den Haag mit Scheveningen

9., neu bearbeitete und aktualisierte Auflage 2024

ISBN 978-3-8317-3916-5

Printed in Germany

Druck und Bindung:
mediaprint solutions GmbH, Paderborn

Herausgeber: Klaus Werner
Layout: amundo media GmbH (Umschlag, Inhalt), Peter Rump (Umschlag)
Lektorat: amundo media GmbH
Karten: Ingenieurbüro K. Wendler, amundo media GmbH
Anzeigenvertrieb: KV Kommunalverlag GmbH & Co. KG, Alte Landstraße 23, 85521 Ottobrunn, Tel. 089 928096-0, info@kommunal-verlag.de
Kontakt: Reise Know-How Verlag Peter Rump GmbH, Osnabrücker Str. 79, 33649 Bielefeld, Deutschland, Tel. +49-521-946490, info@reise-know-how.de

---

Bildnachweis
Umschlagvorderseite: ©Gemeente Den Haag | Umschlagrückseite: ©napa74, stock.adobe.com | Umschlagklappe rechts: ©Jurjen Drenth, The Hague & Partners | Seite 5: Ulrike Grafberger
Soweit ihre Namen nicht vollständig am Bild vermerkt sind, stehen die Kürzel an den Abbildungen für die folgenden Fotografen, Firmen und Einrichtungen. Ulrike Grafberger: ug | Helmut Hetzel: hh | Den Haag Marketing: dhm | Madurodam: md | Matthias Bilawa: mob | Residenz Hotel: res

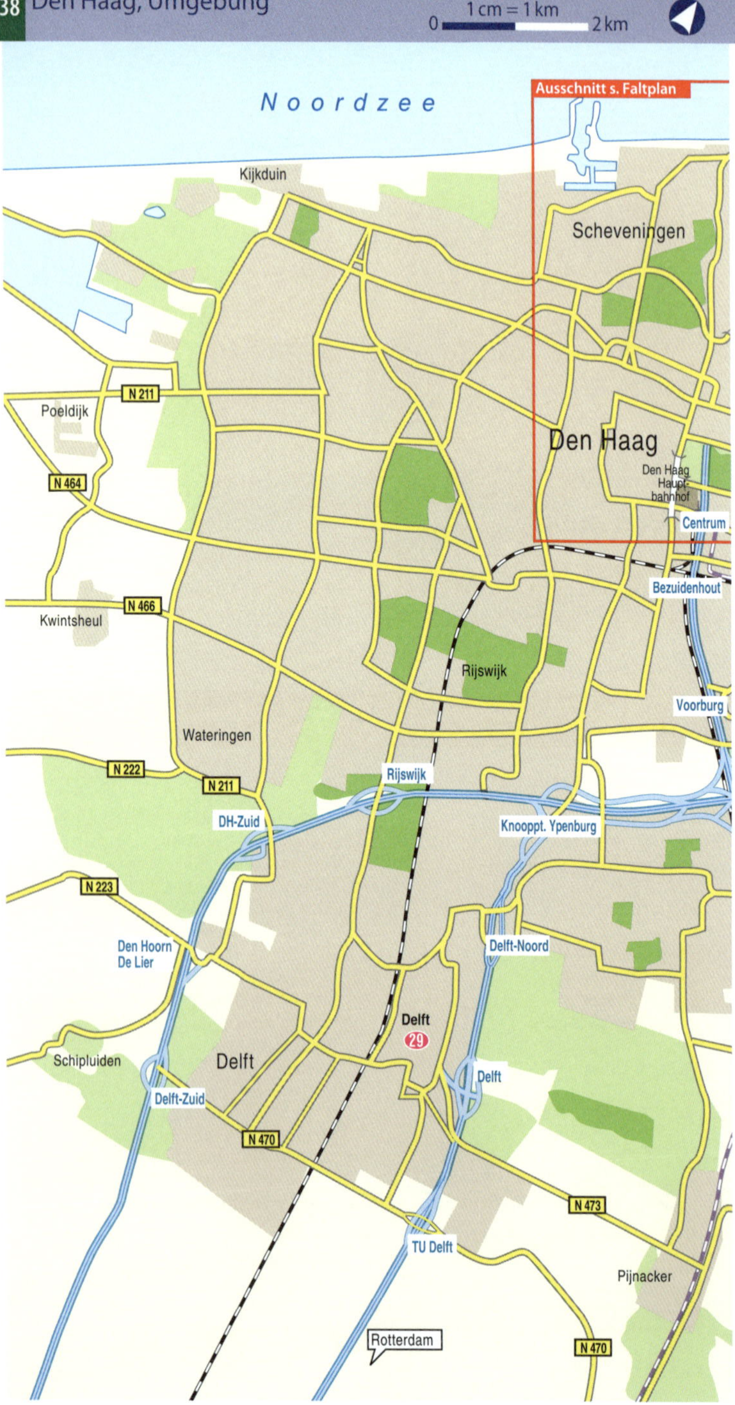
1 cm = 1 km
0
2 km
Ausschnitt s. Faltplan
Noordzee
Kijkduin
Scheveningen
N 211
Poeldijk
N 464
Den Haag
Den Haag Hauptbahnhof
Centrum
Bezuidenhout
N 466
Kwintsheul
Rijswijk
Voorburg
Wateringen
N 222
N 211
Rijswijk
DH-Zuid
Knooppt. Ypenburg
N 223
Den Hoorn De Lier
Delft-Noord
Delft
29
Schipluiden
Delft
Delft
Delft-Zuid
N 470
N 473
TU Delft
Pijnacker
Rotterdam
N 470

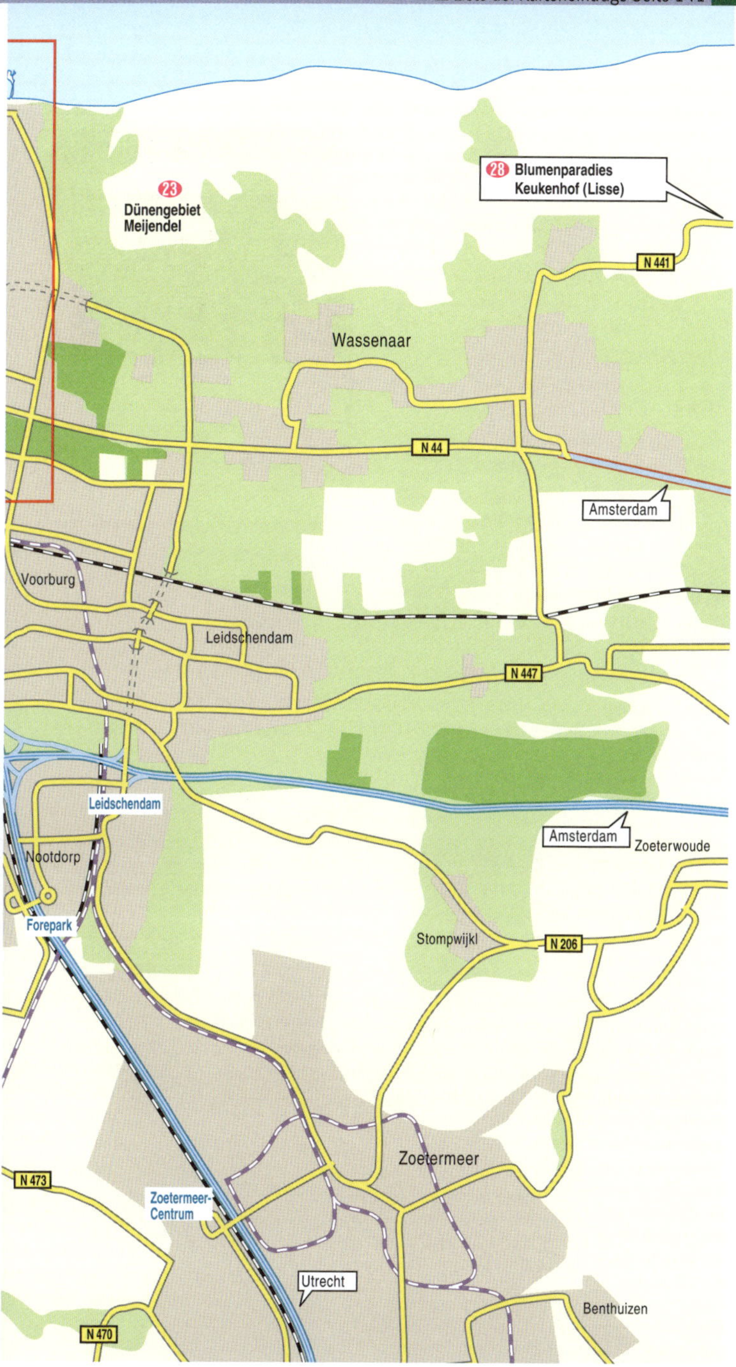
23 Dünengebiet Meijendel
28 Blumenparadies Keukenhof (Lisse)
N 441
Wassenaar
N 44
Amsterdam
Voorburg
Leidschendam
N 447
Leidschendam
Amsterdam
Zoeterwoude
Nootdorp
Forepark
Stompwijkl
N 206
Zoetermeer
N 473
Zoetermeer-Centrum
Utrecht
Benthuizen
N 470

Den Haag mit PC, Smartphone & Co.

QR-Code auf dem Umschlag scannen oder **www.reise-know-how.de/citytrip/citytrip/denhaag24** eingeben und die **kostenlose Web-App** aufrufen (Internetverbindung zur Nutzung nötig)!

★**Anzeige der Lage und Satellitenansicht aller** beschriebenen Sehenswürdigkeiten und touristisch wichtigen Orte

★**Routenführung** vom aktuellen Standort zum gewünschten Ziel

★**Exakter Verlauf** des empfohlenen Stadtspaziergangs

★**Audiotrainer** der wichtigsten Wörter und Redewendungen

★**Updates** nach Redaktionsschluss

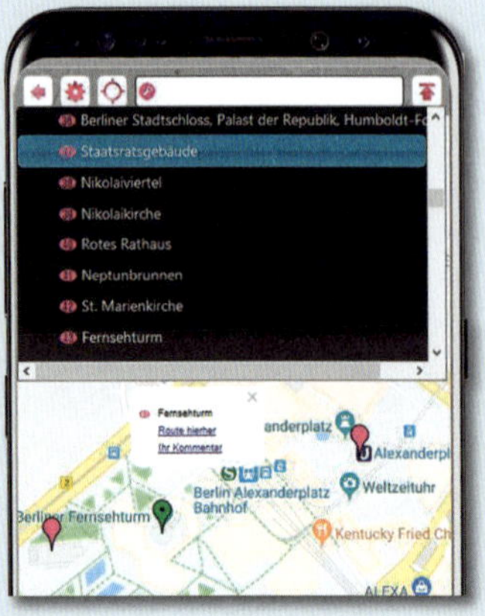

GPS-Daten zum Download

Die GPS-Daten aller Ortsmarken und des Spaziergangs stehen auf der Produktseite des Titels auf www.reise-know-how.de zum Download zur Verfügung.

Stadtplan für mobile Geräte

Um den Stadtplan auf Smartphones und Tablets nutzen zu können, empfehlen wir die App „Avenza Maps" der Firma Avenza™. Über die Funktion „Store" kann die „Citymap The Hague 2024" kostenlos geladen werden.

Unsere App-Empfehlungen zu Den Haag

› **Mauritshuis:** Die Multimedia-Tour durch das Mauritshuis (2) gibt es auch als App. Besucher können so ihre eigene Tour durch das Kunstmuseum zusammenstellen (kostenlos für Android und iOS).

› **NS International:** Für alle, die in den Niederlanden mit Zug und Internetverbindung unterwegs sind, ist die offizielle App des Verkehrsunternehmens NS ein wichtiges Hilfsmittel, denn sie zeigt genau an, wann der nächste Zug fährt und mit welchen Verspätungen zu rechnen ist (kostenlos für Android und iOS, auch auf Englisch).

› **HTM info & tickets:** Die offizielle App des HTM zeigt Bus- und Straßenbahnhaltestellen an, informiert über Fahrpläne und Störungen und hilft bei der Planung von Fahrten mit dem ÖPNV. Zudem kann man Tickets kaufen (kostenlos für iOS und Android).

Liste der Karteneinträge

Hier nicht aufgeführte Nummern liegen außerhalb der abgebildeten Karten. Ihre Lage kann aber wie die von allen Ortsmarken im Buch mithilfe der Web-App angezeigt werden (s. S. 140).

Auf dem Weg zum Strand kommt man am Friedenspalast 15 vorbei

Benutzungshinweise

Cleveres Nummernsystem

Die Sehenswürdigkeiten sind im Text und im Kartenmaterial mit derselben **magentafarbenen ovalen Nummer** 1 markiert. Alle anderen Lokalitäten wie Geschäfte, Restaurants usw. tragen ein **Symbol und eine fortlaufende rote Nummer** (1).

Bewertung der Sehenswürdigkeiten

★★★ nicht verpassen
★★ besonders sehenswert
★ wichtig für speziell interessierte Besucher

Planquadrat im Kartenmaterial

[A1] Orte ohne diese Angabe liegen außerhalb unserer Karten. Alle Ortsmarken werden in der buchbegleitenden Web-App angezeigt (s. S. 140).

Der Schmetterling ...

zeigt an, wo man Angebote im Bereich des nachhaltigen Tourismus findet.

Mein Tipp

Persönliche Empfehlungen des Autors bzw. der Autoren.

Preiskategorien

Gastronomie

Preise für ein Hauptgericht ohne Getränke.

€	bis 20 €
€€	20–25 €
€€€	ab 25 €

Unterkünfte

Die Preise der angegebenen Hotels gelten für ein Doppelzimmer, Frühstück nicht immer inbegriffen. Die Hotels sind in folgende Kategorien eingeteilt:

€	bis 100 €
€€	100–200 €
€€€	ab 200 €

Updates zum Buch

www.reise-know-how.de/citytrip/denhaag24

Vorwahlen

- für die Niederlande: 0031
- für Den Haag: 070

Zeichenerklärung

- 13 Hauptsehenswürdigkeit
- [L6] Verweis auf Planquadrat im City-Faltplan
- Arzt, Apotheke, Krankenhaus
- Bar, Bistro, Club, Treffpunkt
- Bibliothek
- Biergarten, Pub, Kneipe
- Café
- Denkmal
- Fischrestaurant
- Friedhof
- Galerie
- Geschäft, Kaufhaus, Markt
- Hotel, Unterkunft
- Imbiss, Bistro
- Informationsstelle
- Jugendherberge, Hostel
- Kirche
- Moschee
- Museum
- Musikszene, Disco
- Parkplatz/-haus
- Polizei
- Post
- Restaurant
- Sport-/Spieleinrichtung
- Sonstiges
- Synagoge
- Theater
- Vegetarisches Restaurant
- Weinstube
- RandstadRail
- Straßenbahn
- Bahnhof
- Stadtspaziergang (s. S. 12)
- Shoppingareale
- Gastro- und Nightlife-Areale